평범한 삶을 바꾸는
성공의 8단계

- 나는 베짱이로 살기로 했다 -

책권자 지음

평범한 삶을 바꾸는
성공의 8단계

― 나는 베짱이로 살기로 했다 ―

책권자 지음

누군가의 인생 지도를 다시 쓰게 되고
개미가 아니라 베짱이가 되기 위한
지렛대가 될 수 있기를 …

평범한 삶을 바꾸는 성공의 8단계
-나는 베짱이로 살기로 했다-

첫판 1쇄 펴낸 날 2022년 9월 15일

지은이 · 책권자
펴낸이 · 유정숙
펴낸곳 · 도서출판 등
기　획 · 유인숙
관　리 · 류권호
편　집 · 김현숙, 김은미

ⓒ 책권자 2022

주　소 · 서울시 노원구 덕릉로 127길 10-18
전　화 · 02.3391.7733
이 메 일 · socs25@hanmail.net
홈페이지 · dngbooks.co.kr/밝은.com

정 가 · 12,000원

■ 이 책은 저작권법에 따라 보호받는 저작물이므로 무단 전재와 무단 복제를 금합니다.
■ 이 책의 전부 또는 일부를 이용하려면 저자와 도서출판 〈등〉에 동의를 받아야 합니다.

내 삶이 내 삶이 되도록 만들어주신
멘토님들에게 감사드립니다

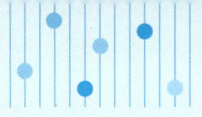

이 책의 추천사

다른 사람들에게 선한 영향력을 전하고, 무엇을 하든 진심을 담는 책권자님의 책을 보며 삶이 보다 행복해지길 바랍니다. 책에서 만난 한 줄로 사람의 인생이 바뀔 수 있습니다. 이 책이 인생을 바꾸는 시작이기를….

김진향 퍼스널 브랜딩 전문가, 『감성글쓰기』 작가

모든 성공 법칙은 성공한 사람들을 연구하는 것에서 출발하고, 연구하다 보면 일정한 법칙이나 원리를 찾아낼 수 있다. 제가 집필한 『한국의 부동산 부자들』이 그러하며, 이 책 또한 성공의 원리를 밝힌 책이라고 할 수 있다. 누구나 가지고 있는 작은 꿈에서부터 큰 꿈의 실현까지 모두 적용될 원리를 밝힌 책이다. 성공적인 부동산 투자를 위해 컨설턴트가 필요한 것처럼 좋은 인연 역시 중요하다. 제 지인이기도 한 멘토의 충실한 지원을 받아 성공으로 다가가는 작가에게 아낌없는 박수를 보낸다.

이동현 하나은행 부동산자문센터장, 『한국의 부동산 부자들』 작가

꿈을 잃어버린 사람들에게 '다시 꿈을 꾸는 내일'을 선사하는 이 시대에 평범한 사람들에게 희망을 주는 빛과 같은 책! 삶을 더 나아지게 하고 싶을 때, 막연하고 손에 잡히지 않아서 무엇을 해야 될지 모를 때, 어떻게 해야 하는지 구체적으로 설명을 해주는 훌륭한 라이프 가이드북! 이 성공의 8단계를 적용해서 꿈을 이루기 위해 노력한다면 많은 분들에게 도움이 될 것이다.

이희성 컨디션 트레이너, 강사협회 명강사42호, 『맨땅 다이어트』 작가

'보다 나은 삶'을 살고 싶은 것은 모든 이가 가지고 있는 소망일 것입니다. 이 책은 '보다 나은 삶'을 어떻게 하면 이룰 수 있는지를 8가지 스텝으로 정리해줍니다. 꿈, 결단, 계획, 실행, 멘토, 열정, 긍정, 레버리지…. 그 중에서 가장 중요하고 또 시작이기도 한 '꿈!' 이 책의 저자 '책권자' 님은 그 '꿈'을 이루신 분입니다. 그리고 꿈을 아주 잘 꿀 줄 아는 분입니다. '내가 이룬 꿈은 누군가의 꿈이 된다.'고 했습니다.
책권자님께서 이루신 그 꿈들은 저에게도 새로운 꿈으로 다가옵니다. '성공'은 결과가 아니라 '과정'이라고 하죠. 매일매일 꾸준히 한 걸음만 더 걸어나가면, 반드시 꿈은 이루어진다는 것을 보여 주신 '책권자' 님! 진정 '잘 사는 법'을 우리에게 일깨워 주고 계십니다. 성공하고 싶으신가요? 잘 살고 싶으신가요? 책권자님의 『평범한 삶을 바꾸는 성공의 8단계』를 꼭 읽어보시기 바랍니다.

이영권 교수, 1인 지식기업인, 『자잘하게 살지 말고 잘 사는 법』 작가

CONTENTS

추천의 글 / 8
김진향 | 퍼스널 브랜딩 전문가, 『감성글쓰기』 작가
이동현 | 하나은행 부동산자문센터장, 『한국의 부동산 부자들』 작가
이희성 | 컨디션 트레이너, 강사협회 명강사 42호, 『맨땅다이어트』 작가
이영권 | 교수, 1인 지식기업인, 『자잘하게 살지 말고 잘 사는 법』 작가

프롤로그 | 새로운 인생 지도 / 13

제1장   꿈 / 22
         첫사랑처럼 설레이는 꿈

제2장   결단 / 32
         번데기안의 나비를 상상하라

제3장   계획수립 / 42
         자동수입을 계획하여 베짱이가 되라

제4장   실행력 / 52
         발만 동동거릴 것인가? 자맥질을 실행할 것인가?

제5장   멘토와의 만남 / 62
         멘토는 초고속 하이퍼루프를 알려준다

제6장   열정과 끈기 / 68
         멘토와 팀과 함께하라

제7장   긍정의 힘 / 76
         무한한 긍정의 힘

제8장   레버리지 / 84
         복제가 만드는 레버리지 파워

제9장   퍼스널브랜드 / 92
         나를 찾아가는 여행 길라잡이

SELF CHECK SHEET 사용법 / 104

에필로그 / 106

참고도서 / 108

프롤로그
새로운 인생지도

그 누군가에게 이 책이 베짱이가 될 수 있는 지렛대가 된다면…

만약 월 500만 원의 부수입이 생긴다고 상상해보면 어떨까요? 저절로 입가에 웃음이 번질 겁니다. 왜냐하면 집을 넓혀 갈 수도 있고 계획했던 것을 실행할 수 있거나 걱정하는 앞날에 대한 안심을 가질 수 있기 때문이겠지요.

우리는 돈에 대해 관심이 많습니다. 돈이 있으면 해결될 일이 많습니다. 그래서 이 책에서는 재정적으로 어떻게 성공할 수 있을지 우선 알려드릴 것입니다. 보통 행복하려면 건강, 재정, 성취감 세 가지를 꼽습니다. 이 세 가지 중에서 건강과 성취감에 대해서는 잠시 미루고 이 책에서는 재정적 자립에 대해서 먼저 말씀드리겠습니다. 그 중에서도 월 500만 원 이상 꾸준히 나오는 시스템수입으로 부수입을 만들어서 내가 일을 하지 않고 여행하며 즐기는 시간에도, 마치 파이프라인에서 물이 나오듯이 나오는 연금수입이나 인세수입 같은 자동수입을 만드는 방법에 초점을 맞추어 설명을 드리겠습니다.

돈은 돌고 돌지만 나에게로 와서 잘 모이지 않지요? 우리는 열심히 돈을 모으기 위해서 나의 소중한 시간을 바치면서 살아갑니다. 그런데 우리는 돈이 항상 부족하다고 느끼고 있습니다. 왜 그럴까요? 매월 내가 지출하려는 만큼의 돈을 겨우 벌거나 조금 부족하게 벌기 때문입니다. 그러면 어떻게 하면 나의 지출보다 수입을 늘릴 수 있을까요?

제가 만들어 본 은퇴 공식입니다.

은퇴공식 R=I/C

R : Retirement(은퇴지수)
I : Income(수입)
(중위가구수입, 2022년 4인 가구 중위소득 5,121,080원, 출처: 통계청)
C : Cost of Living(월 지출액)
R ≥ 2 은퇴 고려(단, 수입의 100%가 자동수입일 때)
R ≤ 2 은퇴에 대한 고려 적음.
R이 2 이상일 때, 즉 약 월 1,000만 원 소득이 되었을 때
　　은퇴를 생각할 수 있습니다.

본인이 보통 쓰는 소비 금액에 대비해서 수입이 자동수입으로만 두 배가 된다면 늘어난 수입 만큼 더 하고 싶은 것을 할 수도 있고, 시간적 자유도 누리기 위해서 은퇴하려는 마음이 들 것입니다.

그래서 보통 4인 가족 중위소득인 약 500만 원의 2배에 해당하는 '월 1,000만 원을 버는 방법'이라는 제목의 글이나 유튜브 영상이 인기를 얻고 있는 것이 아닌가 생각합니다. 이렇게 되기 위하여 우리들은 주식 투자, 코인 투자, 부동산 투자 그리고 요즘엔 N잡러라는 부업도 하면서 월 1,000만 원을 벌기 위해 노력을 많이 합니다.

N잡러, 여러 가지 자산 투자에 열광하는 트렌드를 살펴보면 생각하는 것을 터부시하지 않고 있다는 것을 알 수 있습니다. 이제는 행복해지기 위해 열심히 자산수입을 공부하려는 사람들이 많아졌기 때문이고 돈에 관심이 점점 더 많아지고 있는 것이 최근 트렌드인 것입니다.

저도 N잡러로서 활동을 하고 있습니다. 제 사이드 잡은 회원제 고객확장성 생산자 직접 연결판매방식 사업을 진행하고 있고 블로그와 유튜브로 인지도를 높이면서 전자책 판매 수익을 올리고 있습니다.

인클 온라인 강의 녹화도 해서 업로드될 예정에 있습니다. 이렇게 자동수입을 여러 개 구축하고 있습니다.

저는 평범한 개미였습니다

제 이야기를 하자면 아버지가 중소기업의 임원이어서 매일 아침 기사님이 차를 가지고 와서 아버지를 모시고 갔습니다. 그러다가 아버지가 다니던 회사가 IMF 사태로 인해 급격히 안 좋아지는 상황이 되었습니다. 결국 아버지는 회사를 그만두게 되었고 한동안 쉬게 되셨습니다. 얼마 후 아버지는 친구분의 회사에 들어가셔서 다시 일하게 되셨습니다. 그래도 형편이 좋다고 할 수는 없었습니다.

대학 등록금이 모자라서 걱정하다가 등록금 분납제도를 통해 절반을 먼저 내고, 나머지 반은 몇 달 후에 내려고 하였습니다.

그 당시 한국이 IMF를 겪은 지 얼마 안되어서 다들 취업난에 허덕이는 상황이었는데 4학년 2학기 때 이미 대기업에 취업이 되어 졸업예정증명서를 발급받으러 갔습니다. 그런데 교학처에서 등록금을 완납해야 졸업예정증명서를 발급해 줄 수 있다고 해서, 서둘러 온갖 아르바이트를 해서 겨우 나머지 등록금을 납입하고, 졸업예정증명서를 발급받아서 제출하고 대기업에 입사했습니다.

신입사원으로 입사한 지 얼마 안 되었을 때 높은 직책에 있는 분이 암투병으로 장기간 입원을 해서 병가를 오래 내고 어느 정도 회복을 했는데 복귀가 어려운 상황이라서 퇴사처리가 진행되는 상황을 보게 되었습니다. 가족들이 찾아오고 사원들도 탄원서를 냈지만 회사 내 규상 퇴사처리가 되는 것을 보게 되었습니다.

이 상황을 보면서 월급쟁이라 할지라도 몸이 망가지면 한순간에 다 무너지고 수입은 제로가 되고 가장이 돈을 벌지 못하면 가족들이 힘들어진다는 것을 알게 되었고, 노동수입이라는 것은 한순간 '0'이 될 수도 있다는 것을 알게 되었습니다.

막연하게나마 내가 직장생활을 중단하더라도 어디선가 꾸준한 돈이 나오면 좋겠다는 생각으로, 신춘문예 공모전에 시를 써서 등단하거나, 작사가가 되어 인세 수익을 받겠다는 꿈도 가져보았습니다.

그러던 어느날 아버지가 장기간 병원에 입원하게 되었습니다. 병원에 들어가서 단 한번도 나오지 못하고 6년 가까이 병원에서 투병생활을 하시다가 돌아가셨습니다.

아버지를 돌보며 직장생활 해야 하는 상황에서 많은 어려움이 있었습니다. 끝없이 들어가는 병원비에도 힘들어지는 상황이 되었습니다. 그렇다고 돈을 더 벌기 위해서 아르바이트 할 시간도 낼 수 없었습니다. 결국 아버지를 위해서 많은 시간과 돈이 들어갈 수밖에 없는 상황은 길어졌습니다.

　아버지는 그 누구보다도 열심히 살아오셨습니다. 직장생활과 각종 사회활동 등으로 밤낮 없이 많은 사람들을 만나고, 가정에는 소홀할 정도로 열심히 살아오셨는데 결국 재정적으로 이루어 놓은 것 없이 세상을 떠나셨습니다. 결국 남아 있는 가족들의 삶은 어려워졌습니다.

　아버지는 돌아가시기 전에 "절대 월급쟁이로만 계속 살지 말아라"라고 하셨습니다. 회사를 다니면서 계속 돈이 나올 만한 아이템을 찾아서 내가 일하지 않고도 돈이 나오는 수입원을 만들라고 하셨습니다. 종잣돈을 만들어서 작은 상가를 사든, 제가 꿈꾸는 시인이 되든, 작사가가 되든 무엇이든 월급 외에 다른 수입을 만들어서 미래를 대비하라고 하셨습니다. 아버지처럼 남겨 줄 것이 없는 사람이 되지 말라고 하셨습니다.

　저는 대기업을 다니다가 지인의 제안을 받게 되었습니다. 월급쟁이처럼 일하지 말고, 벤처기업처럼 신생기업을 하나 만들건데 그 곳에서 9 to 6로 일하는 것이 아니라 열심히 오너마인드로 일해주면, 나중에 회사가 성장하면 월급도 올려주고 인센티브도 주겠다는 제안이었습니다. 인생에 한번은 모험이 있어야 하지 않을까 생각했고 바로 회사를 그만두고 그 신생기업에 입사했습니다. 그런데 그 회사도 투자자들의 이해관계가 점점 틀어지더니 더 이상 회사가 운영될 수 없는 상황이 되었습니다. 이 때 사업이라는 것은 리스크가 있다는 것을 절실하게 느끼게 되었습니다. 그리고 나서 저는 다른 보통 평범한 회사에 다니게 되었습니다.

저의 삶을 말씀드렸는데, 이 책을 읽는 독자들의 삶과 제 삶이 비슷하지 않을까 생각합니다. 어떤 때에는 조금 여유가 되는 삶을 살다가, 어떤 때에는 어려움이 있기도 하고, 위기가 오기도 하고, 기회라고 생각해서 붙잡았는데, 미끄러질 때도 있지 않으셨나요?

정도의 차이는 있겠지만, 독자님들도 대부분 저와 비슷한 삶이었을 것이라고 생각합니다. 저는 열심히 일하는 개미라고 생각했습니다. 평범하게 살며 크게 변화되는 삶을 원하지 않고 그해 혹시 추워질지 모를 겨울만 잠시 준비하는 평범한 개미라고 생각했습니다.

누구를 위한 책일까?

그러던 제가 어느날 멘토를 만나서 코칭을 받으면서 삶이 변화되어 갔습니다. 보통의 평범한 사람의 삶이 더 멋진 삶이 되어가고 있습니다. 제가 이 책에서 알려드리려고 하는 자동수입 구축 방법은 주식, 코인, 부동산같이 투자비와 리스크가 들어가는 방법은 아닙니다. 제 책은 대부분 매월 노동수입으로만 견디고 있는 '개미'를 위한 책입니다. 평범했던 제가 멘토를 잘 만나서 성공하게 된 경험을 토대로 쓴 책이기에 보통 사람을 위한 책이라고 할 수 있습니다.

자본과 대단한 지식이 필요하지 않은 사람이 어떻게 하면 행복해질 수 있는지, 성공할 수 있는지 매우 현실적으로 알려 드리기 위해 쓴 책입니다.

이 책이 누군가의 인생 지도를 다시 쓰게 되고 개미가 아닌 베짱이가 되기 위한 지렛대가 될 수 있기를 바라면서 …

2022년 8월 푸르른 어느날에.

꿈

아침에 눈을 뜨면 두근두근
그렇게 될 모습에 내가 설레

이젠 만나러가요
나의 나르키소스

- 책권자 -

CHAPTER 1

꿈

첫사랑처럼 설레이는 꿈

꿈이란?

꿈이란 무엇일까요?
행복하기 위해서 상상해 보는 나의 모습일 것입니다.

꿈은 구체적으로 꾸어야 합니다.
'저는 과학자가 되고 싶어요' 라는 꿈을 말하기보다는
'저는 항공우주공학과에 진학해서 우주선을 만들어서 화성 우주여행을 실현하는 과학자가 되고 싶어요.'

꿈을 구체적으로 꾸는 방법은 간단합니다. 내가 되고 싶은 사람에 해당하는 단어 앞에 수식어를 부여해 보시기 바랍니다. 제 꿈을 이야기하는 것이 좋은 예시가 되겠네요.

저의 이야기를 하자면 저는 세계 여행을 하며 감성을 담는 시인이 되고 싶습니다. 저는 독립출판 및 독립음반사, 그리고 아트갤러리를 운영하고 싶습니다.

초등학교 때부터 학예회를 하면 꼭 연극에서 배역을 맡았고 대학교 동아리에서 연극공연을 할 때에도 주연을 맡으면서 연극배우 겸 가수의 꿈을 꾸어 왔습니다. 그러나 실제로 대학은 취업이 잘 되는 공대를 가게 되었습니다. 이후 대기업에 취업했으나 현실은 가진 것 없는 삶이고 특별히 나아지지는 않아서 그저 연극이나 밴드공연 구경 다니는 직장인이 되었습니다.

학창시절에는 가수가 되고 싶었고, 그 꿈을 함께했던 친구 둘이 있었는데 한 친구는 엔터테인먼트 회사에 취업해서 한동안 관련 일을 했지만 현재는 일반 직장인이고, 한 친구는 서울대 음대를 졸업했지만 현재는 음악과 관련 없는 일을 합니다. 꿈을 이어나가는 것은 이렇게 쉽지 않지요.

저는 이렇게 노래하고 시 쓰는 것을 좋아합니다. 비록 소질이 있다고 할 수는 없지만 소소하게 습작처럼 시와 노래를 만들고, 음악동아리 활동을 해오면서 가끔씩 공연도 해봅니다. 그래서 꿈을 꿉니다. 대형서점에 놓이지는 못할지라도 조금이라도 더 홍보되어서 알려질 수 있도록 방송이나 인디밴드 클럽에서도 알려지지 못한 사람들의 음반이 홍보될 수 있는 조그만 자리라도 마련하고 싶은 마음으로 '독립

문화공간을 운영하는 여행작가'가 되는 것이 제 꿈입니다.

독자님들은 첫사랑이 있으신가요? 첫사랑을 떠올리면 어떠신가요? 마음이 떨리지 않나요? 현재 하시는 그 일을 위해 아침에 집을 나설 때 첫사랑을 만날 것처럼 가슴이 떨리시나요? 그렇지 않다면, 현재 내가 하는 일은 다른 사람들처럼 생계를 위한 직업일 뿐이지 원하던 꿈은 아닙니다. 이처럼 남들과 같은 삶을 사는 것이 아니라 내 마음을 떨리게 하는 꿈을 다시 한번 생각해 보시길 바랍니다. 그런 꿈을 완성할 때 '내 삶이 내 삶이 되는 오늘'을 맞이하게 되실 것입니다.

버킷리스트를 작성해봅시다

원하는 것을 리스트로 적는 것을 '버킷리스트'라고 합니다. 한번 작성해보시면 꿈을 구체화하기 좋은 방법입니다. 버킷리스트를 작성할 때 어렵게 느껴지신다면 자신에게 질문을 해 보시길 바랍니다.

가지고 싶은 것을 적어봅시다. 올해 안에 사고 싶은 것과 3년 안에 사고 싶은 것, 5년 안에 사고 싶은 것, 10년 안에 사고 싶은 것을 적어봅시다. 이렇게 장·단기로 내게 필요한 것을 적다 보면 내가 원하는 것이 무엇인지 알게 될 것입니다.

내가 갖고 싶은 것을 적었다면 누군가에게 주고 싶은 것을 적어보시기 바랍니다. 자녀에게 또는 부모님에게 해주고 싶은 것을 적어보면 많은 것들이 떠오를 것입니다. 그리고 내가 되고 싶어하는 사람을 적

어봅시다. 3년 뒤에 되고 싶은 사람을 적어봅시다. 그리고 5년 뒤, 10년 뒤에 되고 싶은 사람을 적어봅시다.

  이렇게 꿈을 적어보는 것도 쉽지 않을 수도 있겠지요. 마음이 떨리는 꿈도 생각나지 않고, 누군가에게 해주고 싶은 것도, 내가 갖고 싶은 것도 잘 떠오르지 않을 수도 있습니다. 이때는 '내가 하기 싫은 일은 무엇인가?' 라는 생각을 적어보시길 바랍니다. 하기 싫은 일을 써보면, 반대로, 하고 싶은 일이 생각 날 수도 있습니다.

  꿈을 꿀 때는 또 다른 방법이 있습니다. 세바시, 클래스101, 라이프해킹스쿨, 인클 등 강의플랫폼에서 성공자들이 어떤 강의를 하는지 검색해 보는 것도 방법입니다. 여러 분야에서 자신만의 삶을 만들며 성

공한 사람들을 보게 될 것입니다. 다른 사람들이 무엇을 열정적으로 하는지 찾아보면 그 중에 내가 찾던 꿈을 찾을 수도 있습니다. 꿈은 직접 경험과 다른 이가 알려주는 간접 경험을 통해서도 발견할 수도 있습니다. 그렇게 내 삶을 차츰 윤곽을 그려가면서 찾아볼 수 있습니다.

꿈이 어느 정도 정리가 되었다면 모치즈키 도시타카의『보물지도』를 읽고 나의 꿈을 한장의 종이에 만들어서 눈에 잘 띄는 곳에 붙여놓고 매일 보며 나의 꿈을 잊지 않고 생각하도록 하기를 권합니다.

성공의 8단계 중에 제일 중요한 첫 단계가 바로 꿈입니다. 꿈을 가지고 있어야 그 다음 단계를 진행할 수 있습니다. 저와 함께 한 계단씩 밟아서 그 다음 단계로 함께 나아가 봅시다.

꿈을 잊고 족쇄를 차고 있는데도 모르는가?

이 꿈을 꾸는 1단계에서 읽어 보시면 도움이 될 만한 책을 소개해 드리겠습니다. 꿈이 잘 생각 나지 않는 사람은 이 책들을 읽으면 도움이 많이 될 것이라고 생각합니다.

우선 첫 번째로 추천해드리고자 하는 책은 자음과모음 출판사의 『플라톤이 들려주는 이데아이야기』(저자 서정욱)입니다. 플라톤의 저서 『국가』의 내용 중에서 동굴의 비유를 보면, 동굴안의 가짜 세계와 동굴 밖의 진짜 세계를 설명합니다. 우리가 꿈이 있는 상태와 없는 상태도 이 동굴의 비유로 생각해보면 비슷하다고 할 수 있습니다.

우리의 의식상태는 꿈을 가진 상태와 꿈을 가지지 않은 상태로 구분해서 생각해 볼 수 있습니다.

우리가 꿈이 없는 상태에서 삶을 살아가는 상황을 동굴 속에 있는 노예라고 할 수가 있습니다. 내가 아는 동굴 속에서 보는 그림자는 사실이 아니라는 것을 깨닫지 못하는 노예의 상태라고 할 수 있습니다. 이런 노예 같은 상황을 벗어나서 진짜 세상으로 나아가서 더 큰 세상을 보는 꿈을 꿀 수 있는 사람이 되길 바라면서 이 책을 권합니다. 이렇게 누군가의 잃어버린 꿈을 다시 꾸도록 도와주는 사람을 리더

(leader) 또는 멘토(mentor)라고 할 수 있습니다.

두 번째로 추천해드리고 싶은 책은 모치즈키 도시타카의 『보물지도』입니다. 이 책은 꿈을 시각화해서 한 장의 종이 위에 나의 꿈을 적어보는 방법을 알려줍니다. 꿈을 시각화하여 집에서 냉장고나 게시판에 부착해서 항상 바라보고 있다면, 내가 오늘 하루 할 일을 실천해야겠다는 동기부여를 매일 받게 될 것입니다.

이 책은 가족들과 함께 읽을 수 있어서 좋은 것 같습니다.
가족들과 함께 꿈을 이야기하며
즐겁게 대화하는 시간을 가져보고,
서로의 꿈을 응원하며 소통하기에 좋은 책인 것 같습니다.

번데기의 결단

껍질을 써보니
갑갑합니다
단단합니다

이걸 깨고 나갈 수 있을까?
뭐, 무서웠으면 내가 뒤집어 썼겠소?
좀이 쑤시지만
날개가 만들어 질 때까지 기다리겠소
내가 아직은 여기서 매일 해내야 할 일이 있소

아직은
그 껍질을 못 깨고 나온다오
그 껍질을 그냥 두시오

- 책권자 -

CHAPTER
2

결단

번데기 안의 나비를 상상하라

결단이란?

결단이란 내가 이루고 싶은 꿈이 실현되도록 마음 먹는 단계입니다. 결단을 하기 위해 1단계 꿈이 명확한지 다시 한번 점검해보시길 바랍니다.

1단계의 꿈을 제대로 수립하고 시각화하여 주변에 붙여 놓지 않으면 다음 2단계로 넘어가도 사상누각(沙上樓閣)이 되어버립니다. 꿈은 탄탄해야 하고 흔들리지 않아야 2단계인 결단을 할 수 있습니다.

결단해야 행동이 따릅니다. 강렬한 꿈이 정해졌다면 이제 두 번째 결단을 하셔야 됩니다. 나의 행동을 이끌어주는 것은 결단입니다.

매일 결단을 다시 해야 합니다. 우리는 매일 수많은 결정을 합니다. 조금씩의 결정이 현재의 나를 있게 하는 것입니다. 매일 내가 먹는 것들, 즉 식습관이 현재 나의 건강을 결정하는 것입니다.

꿈을 이루기 위해서 버릴 것은 버리고 집중할 것은 집중해야 합니다. 내 인생에서 변화를 일으키고자 한다면 매일의 결단도 하지만 그 매일의 결단이 지속되었을 때 이루어질 큰 꿈이 있습니다. 이때, 꿈을 위해 결단하면서 이렇게 외쳐야 합니다.

'나의 꿈은 ○○○이고, 이것을 이루기 위해서 지금부터 매일 ○○○를 버리고, ○○○을 감내하고 5년 후에는 반드시 나의 꿈 ○○○를 이루겠다' 라고 말입니다.

멋진 결단을 한 성공자를 소개하겠습니다.

첫 번째 '결단'의 주인공은 역행자라는 베스트셀러 작가이며 유명 유튜버이자 자동수익 전문가 자청(유튜버, 베스트셀러 『역행자』 작가)입니다.

베스트셀러 『역행자』의 저자 자청에 대한 소개입니다. 자청 작가는 2019년 20편의 영상으로 10만 구독자를 넘어서며 화제를 모은 후 미련없이 유튜브 〈사업가 유튜버 자청〉을 그만두었습니다. 그 이후 본업인 온라인 마케팅 회사인 〈이상한 마케팅〉 이외에도 〈프프〉, 〈아크라상〉, 〈큐어릴〉 및 지분투자로 참여한 〈라이프해킹스쿨〉, 〈유튜디오〉 오프라인 사업으로 〈욕망의 북카페〉, 〈인피니〉 등의 사업을 진행하고 있습니다.

30대 초반부터 어떤 일을 하지 않아도 월 1억씩 버는 자동수익을 완성한 사람입니다.

자청 작가는 10대 때는 외모, 돈, 공부 그 어떤 점에서도 최하위였습니다. 그러던 스무살 무렵, '인생에도 게임처럼 공략집이 있다' 는 사실을 깨달으면서 삶이 180도로 바뀌기 시작했습니다. 200여권의 책을 독파하여 얻은 치트키를 활용해 창업에 연이어 성공한 것입니다. 현재 6개의 사업과 지분투자로 자동수익을 만들어내고 있으며, 130명의 직원과 함께 재미난 일을 벌이고 있습니다.

자청 작가님이 깨달은 것은 성공한 사람들은 모두 책읽기와 글쓰기를 많이 한다는 점입니다. 그래서 자청 작가는 하루 2시간씩 책을 읽고 글을 쓰자고 마음 먹었습니다. 2년간 꾸준히 하루 2시간의 습관을 지키려고 하였고, 그 결단을 지키는 것이 자신을 성공자로 만들 것이라는 믿음을 가지고 결단을 지켜낸 것이 자청의 성공을 이끌어낸 핵심이었습니다.

두 번째 결단의 주인공은 스티브 잡스(Steve Jobs, 1955~2011, 애플社 창업자)입니다. 2005년 스탠퍼드대 졸업식에서 스티브 잡스의 연설 중 한 토막입니다.

"여러분의 시간은 한정되어 있습니다. 그러니 다른 사람의 인생을 살려고 하지 말고 낭비하지 마십시오."

스티브 잡스는 애플을 창립하고도 쫓겨나는 상황에 처하기도 했지만 자신만의 길을 결단하고 난 후에는 실패라는 결과에 뒤돌아보지 않

고 계속 도전했습니다. 그래서 아이폰이라는 성공상품을 만들어 내었던 것입니다. 또 스티브 잡스는 성공한 상품인 아이폰에 계속 갇혀 있지 않고 또 다른 시장에 아이패드로 뛰어들어서, 남들이 실패할 것을 우려하면서 진입하지 않는 태블릿 시장을 개척하기도 하였습니다.

어떻게 결단할 것인가?

위에 언급한 자청과 스티브 잡스의 결단할 때의 공통점들을 찾아보았습니다. 이처럼 결단할 때 명심할 사항입니다.

첫 번째는 '고정관념 타파' 입니다. 책을 읽고 글만 쓴다고 성공할 수 있겠어? 라는 고정관념을 버린 사실입니다. 태블릿 시장은 망하는 시장이라는 고정관념을 버린 것도 공통점입니다.

그리고 결단에 있어서 두 번째 명심할 것은 '성공에 대한 믿음' 입니다. 믿음은 실패도 딛고 일어서게 하고, 긍정의 에너지가 안 될 것도 되게 합니다.

세 번째 결단할 때 명심할 것은 성공까지 가는 동안 한시적으로 버릴 것은 버리는 '집중' 입니다. 성공하려면 잠을 적게 자든, 내가 좋아하는 취미 시간을 버리든, 내가 집중하고 내가 투자할 시간을 위해 불필요한 스케줄을 버려야 성공한다는 것입니다. 저는 성공을 위해서 집중하는 시간에는 헛되이 보내는 친목모임들은 줄이고, 성공하고 싶어하는 사람들의 모임에 참여하고, 성공자의 세미나에 꾸준히 참석하면서 성공의 길로 가고 있습니다. 그냥 즐길 것을 즐기고 살고 있으면, 나를 레벨업하는 시간은 만들어지지 않습니다.

'결단' 이라고 하면 이분이 떠오르지요? 현대그룹 정주영 (1915~2011, 현대그룹 초대회장) 회장님. 정주영 회장님을 보고 이 세 가지 항목을 다시 확인해 보겠습니다.

첫 번째, 고정 관념 타파. 이분의 유명한 말씀이 있으시죠? '이봐 ~ 해보기나 했어?' 이 말은 고정관념을 타파하라는 말의 대명사가 되었습니다. 조선소 설립을 추진할 때 주변 사람들은 조선분야는 지금까지 사업과 관련이 없어서 안 될 거라는 고정관념이 있었습니다. 그런데 정주영 회장님께서는 '자동차도 만들고 건설 회사로 집도 짓는데 현대가 바다에서 철판을 접어서 집을 짓는 것 같은 조선업을 못할 이유가 없지 않냐?' 라고 하면서 조선소 설립을 밀어붙였습니다. 서해안 간척지를 유조선으로 막아서 만든 것도 고정관념 타파였습니다.

정주영 회장님이 전경련 회장일 때입니다. 남산에 20층으로 지으려고 할 때 건물이 높아서 군사적 문제로 허가가 나지 않으니까, 아예 포대를 전경련 회관 옥상에 위치시켜 허가를 받아냈죠.

정주영 회장님은 매번 결단의 순간에 고정관념이 사람을 멍청하게 만든다고 생각했습니다. 그리고 성공에 대한 믿음을 끝까지 놓지 않았습니다. 그래서 '생각하는 불도우저' 라고도 불렸습니다.

정주영 회장님은 '결단은 등산이나 마찬가지로 매번 결단을 해서 시간을 쌓아야 된다. 그리고 그 결단을 쌓아서 행동은 빠르게 시행해야 성공한다' 라고 했습니다. 집중의 중요성을 이야기한 것입니다. 집중하지 않고 결과를 바란다는 것은 도둑같이 성공을 바라는 것입니다.

이봐~ 해보기나 했어?

정주영 회장님의 이야기가 담긴 아라크네 출판사의 『결단은 칼처럼 행동은 화살처럼』(저자 권영욱)을 추천합니다.

현대그룹이라는 대기업을 만들어 내신 분이고, 한국경제발전의 견인차 역할을 수행하신 분입니다.

항상 경험해보지 않은 분야에 처음으로 뛰어들 때도 걱정은 뒤로하고, 일단 실행해보는 분이었습니다. 이 책의 제목처럼 결단은 칼처럼, 행동은 화살처럼 하신 분입니다.

우리는 주저할 때가 많습니다. 축구경기에서도 골을 막으려는 골키퍼는 결단의 시점에서는 오른쪽으로 뛸지, 왼쪽으로 뛸지를 결정해야 합니다. 아무것도 하지 않으면 성공도 실패도 없는 것입니다. 결단해야 한다면 칼처럼. 행동해야 한다면 화살처럼 해야 골을 막을 수도 있고, 실패의 값진 경험도 할 수 있습니다. 결단하기 위해서 동기부여 에너지를 받기에 좋은 책이라고 할 수 있습니다.

제2장 결단

나는 베짱이

그대. 넘실 넘실 집어삼킬 것 같은
파도가 무섭지 않소?
매일 열매가 열리는 풍요의 섬으로
나를 데려가 주오
내가 선택한 항로여

나는 낙원에서 지낼 베짱이로 살기로 했소

- 책권자 -

CHAPTER
3

계획수립

자동수입을 계획하여
베짱이가 되라

앞서 1단계에서는 꿈, 2단계에서는 결단을 말씀드렸습니다.
이 결단이 성공하도록 구체적인 세부계획을 잘 세우는 것이 바로 3단계입니다. 이제 구체적으로 우리는 어떤 일에 집중해야 할까요?

성공의 기반이 되는 자동수입

일단 우리가 살고 있는 세상은 자본주의 사회입니다. 내가 가진 꿈의 달성을 위해서 대부분은 필요한 경제적 기반 즉 '부'를 가지고 있어야 꿈에 다가갈 수 있는 시간적, 경제적 자유를 누릴 수 있습니다. 내가 하고 싶은 꿈을 위하여 기반을 다지기 위한 종잣돈을 만들거나, 매월 나를 지탱해줄 시스템 수입을 만들 실행계획이 필요합니다. 안정적인 수입 안에서 우리는 꿈을 향해 나아갈 수가 있는 것입니다. 공부 잘하는 능력, 운동 잘해서 높은 연봉을 받는 능력은 나에게 잘 주어지지 않지만 보통사람도 노력해서 만들어 낼 수 있는 시스템 수입 구축 방법이 있다면, 누구에게나 기회가 있는 좋은 플랜이라고 할 수 있겠지요.

프로슈머

엘빈 토플러 (Alvin Toffler. 1928.~ 2016, 경제학자, 저널리스트)라는 유명한 미래 학자는 그의 저서 『부의 미래』, 『제3의 물결』에서 부에 대한 이야기를 합니다. 일단 내용은 이 글 후반에 다시 말씀드리겠습니다.

과연 '부'란 무엇일까요? 부는 인간의 욕망을 채워주고 갖고 싶은 욕구를 해소시켜주는 그 무엇이라고 할 수 있습니다. 돈의 속성은 자산 수입과 노동 수입으로 구분할 수 있습니다. 로버트 기요사키는 그의 저서 『부자아빠 가난한 아빠』에서 이렇게 말하고 있습니다.

"부자가 되고 싶다면 자산을 사면서 살면 된다. 가난한 사람이나 중산층이 되고 싶다면 부채를 사면서 살면 된다."

일단 부자는 자산에 관심을 가지고 가난한 사람은 수입에 관심을 가집니다. 보통 사람들은 내가 가진 소중한 무형의 시간을 고용주에게 가져다 바치고 물물교환하듯이 임금을 받아옵니다.

물론 임금이 많다면 금방 수년 안에 10억, 20억을 모아서 노후자금까지 마련하겠지만 자기 임금이 많다고 생각하는 분들은 별로 없을

겁니다. 그렇게 노동수입에 의존하다가 가장이 건강을 잃거나 교통사고로 갑자기 죽으면 재정적으로 힘들어지는 가정을 보게 됩니다. 물론 직장의 노동수입은 현재 나의 생활을 지탱해주는 역할을 해주니까 중요하겠지만 자동 수입이 나오는 자산수입을 구축하고 있지 않으면, 나중에 노동수입이 제로가 되는 시점에서 심각한 상황이 발생합니다.

부자가 되려면 노동수입보다는 자산에 관심을 많이 가져야 합니다. 부동산 취득을 해서 받은 월세, 저축을 해서 받는 이자, 음악이나 영상에 대한 저작권 수입, 작가가 되어서 받는 인세 등이 자산수입이라고 할 수 있습니다.

자산은 내가 다쳐서 경제활동을 못하거나, 내가 죽더라도 가족들이 이 자산을 상속받아서 수입을 계속 받을 수 있는 것이 자산입니다.

지금의 경제를 움직이는 핵심은 바로 '전달' 입니다. 시공을 넘나드는 정보의 전달이 경제를 좌지우지하고 있습니다. 정보의 유통이나 재화의 유통이 얼마나 시간과 공간을 빠르게 넘어가느냐가 중요한 시대에 왔습니다. 사람이나 재화의 보다 빠른 수송을 위해 버진그룹의 CEO 리차드 브랜슨과 테슬라 모터스 CEO 일론 머스크가 하이퍼루프(Hyperloop, 진공 튜브에서 차량을 이동시키는 형태의 고속 운송수단) 상용화를 위해서 힘쓰고 있습니다. 라이브커머스 등과 같이 제품사용 리뷰 등을 공유하는 온라인 쇼핑몰의 매출이 급등하는 상황입니다. 하루 24시간은 누구나 동일하지만 점점 자기가 자기 시간의 주인이 될 수 있는 세상으로 변해가고 있습니다.

그래서 이런 기술의 발전으로 다양한 직업들이 나왔습니다. 유튜버들도 시간 제약 없이 주업 또는 부업으로 할 수 있는 정보의 생산 및 유통 활동을 하는 사람들입니다. 이모티콘을 제작하는 사람, 인터넷 쇼핑몰 등 스마트스토어 등을 운영하는 사람들도 시간과 공간의 제약이 많이 줄어든 산업 형태를 취하고 있는 것입니다.

인터넷 강의하는 강사님들도 시간의 제약을 넘어서는 생산 활동을 하고 있습니다. 온라인 유료 음악 콘서트도 시간과 공간의 제약을 넘나드는 부의 창출 시스템입니다. 이런 일이 시대의 흐름이지만 코로나19로 인해서 이 변화가 빠르게 가속화되고 있는 것입니다.

또 하나의 변화는 '시공간의 초월'입니다. 기계 기술과 통신 기술의 발달로 세계는 시공간적인 제약이 줄어들고 있습니다. 교통이나 통신 수단들은 많은 사람들의 시간 공간을 연결해주고 있습니다. 4차 산업혁명의 핵심은 바로 연결입니다. 이 연결이 산업 구조를 많이 바꾸고 있습니다. 한국에서 올린 라이브 방송을 전 세계에서 볼 수 있습니다. 이런 시공간적인 빠른 공유가 산업을 바꾸게 하고 있습니다. 만약에 어떤 가난한 나라에서 어느 아이에게 유튜브라는 수단이 주어지고 그 아이가 올리는 유튜브에 정글의 일상을 담은 영상이 재미있다면 그 아이는 시공간을 넘는 정보를 활용해서 무형의 부를 만들어 낼 수 있을 것입니다.

엘빈토플러는 『제3의 물결』이라는 책에서 '프로슈머(Prosumer)'라는 신조어를 만들어 냈습니다. 프로슈머는 '생산자(Producer)'와

'소비자(Consumer)'의 합성어입니다. 소비자이면서 생산자적인 소비자를 뜻합니다. 돈이 오가지 않지만 봉사를 통해서 자신의 가치를 얻는 사람도 프로슈머라고 할 수 있습니다. 자기가 만든 액세서리들을 직접 자신이 달고 다니며 알리는 사람도 소비와 함께 생산적인 홍보를 함께하니까 프로슈머라고 할 수 있습니다. 부모님도 자식을 위해 헌신하고 대가를 바라지 않고, 자기 만족을 하는 프로슈머라고 할 수 있습니다.

프로슈머들은 시장을 뒤흔들고 사회를 변화시키고 있습니다. 직원 대신 제품 홍보를 해주는 고객들을 만드는 기업도 있습니다. 제품 체험단을 모집해서 제품 체험을 알리고 또 그 보답을 리뷰해주신 체험단에게 보답해주는 경우도 있습니다. 이렇게 제품 홍보를 고객이 함께 하도록 해서, 회사는 직원을 감소시키고 그 혜택은 소비자에게 전달합니다.

출판사에서 서평단 모집을 하는 것도 프로슈머를 모집하는 것입니다. 책을 읽는 소비자만이 아니라 리뷰를 해서 광고와 소비 촉진을 해줄 프로슈머를 적극적으로 찾는 것입니다.

게이머가 프로슈머가 될 수도 있습니다. 즐겁게 게임하면 프로 게이머가 될 수도 있고, 게임에 대한 노하우나 경기 중계하는 유튜버로 돈도 벌 수 있습니다. 최근 신조어인 '덕업일치'(자기가 열성적으로 좋아하는 분야의 일을 직업으로 삼음)도 프로슈머의 개념과 비슷합니다.

화장품은 몇 년 전까지만 해도 매장에서 산다고 생각했습니다. 이제는 인터넷으로 많이 사고 있습니다. 건강식품도 예전에는 약국에서 샀지만 이제 핸드폰 앱으로 삽니다. 무형의 소비자 네트워크가 파워입니다. '새벽 배송'이라는 발상의 전환을 했던 쇼핑몰이 소비자의 호응을 얻어서 소비자 네트워크라는 강력한 무형자산을 가진 회사가 되었고 배달앱을 만든 회사 역시 고객을 무형의 자산으로 만든 회사입니다.

영화를 온라인으로 보는 회사가 고객 자산을 많이 갖고 있는 강력한 회사가 됐습니다. 그런데 인터넷 쇼핑몰들은 돈을 많이 벌고 있는데, 그 쇼핑몰에서 소비하는 우리는 돈이 좀 되시던가요? 인터넷 쇼핑몰에서 제품을 구입하고, 언박싱하고, 제품이 좋다고 리뷰를 남겨놓으면 돈 좀 되시던가요? 쇼핑몰만 돈을 벌고 우리에게는 100원 200원 정도의 포인트만 주지 않았나요? 그런데 똑같이 인터넷 쇼핑몰에서 제품 구입을 하고, 언박싱하고, 제품이 좋다고 리뷰를 내 블로그나 카페나 유튜브에 올려놓으면 어떻게 될까요? 나중에 파워 블로거가 되고 파워 유튜버가 돼서 수입이 들어오지 않을까요? 그것이 바로 나의 무형의 디지털 자산을 쌓아가는 방법입니다.

내 경험을 알리고 다니면서 공동구매 소비자 그룹을 만들어 나가는 '네트워크 마케터'들이 있습니다. 이러한 네트워크 마케터들도 무형의 자산을 쌓아가는 사람들 중의 하나입니다. 이제는 발달한 SNS로 리뷰를 더 많이 전달하고 제품을 구입하고 싶은 사람에게 나의 추천으로 가입을 해서 회원번호를 추천번호로 알려서 가입을 해서 제품을 구입하도록 돕습니다. 그 공동구매 소비자들에게 가격과 품질에 대한 만족감을 주고 그 분들이 가격과 품질에 만족해서 또 다시 지속적인 소비를 하는 소비자 그룹을 만들어내는 네트워크 마케팅 사업이 최근에는 SNS 발달과 함께 더욱 눈에 띄게 발달하고 있습니다.

　이러한 네트워크 마케팅에 대한 내용은 경영마케팅 전문가 故 이영권 박사의 『베이비붐 세대 3무(無) 사업 창업하기』 책에도 잘 나와 있습니다.

　또 내가 좋아하는 등산, 여행, 낚시를 하며 소비생활을 하는 사람이 그런 자신의 취미생활을 하는 동시에 영상을 찍어서 유튜브 활동을 하거나 블로그 활동을 하면서 그 활동으로 인하여 수입이 만들어진다면, 소비와 수입이 함께 일어나는 프로슈머 활동이라고 이야기 할 수 있습니다.

　제가 하고 싶은 말은 자산에 관심이 있는 프로슈머가 되어서 부를 창출하라는 것입니다. 별로 가진 것이 없는 가난한 사람이 부를 획득하고 부의 계층을 넘어서는 프로슈머가 되는 것이 바로 부의 추월차선을 타는 것과 같다는 것입니다.

일만하다가 죽을 것인가?
자유를 누릴 것인가?

엘빈토플러가 쓴 『부의 미래』(청림출판)를 추천합니다. 이 책에서는 부를 단순히 경제학적 관점이 아니라 문화와 문명이라는 더 큰 구조에서 부가 어떻게 형성되고 변화되고 이동하여 우리 삶에 어떤 변화를 불러올지 제시합니다. 엘빈토플러는 '프로슈머'에 대해 이야기합니다. 단순한 생산자와 소비자만 있는 세상이 아니라 생산자가 소비자가 되기도 하고, 소비자가 생산자가 될 수도 있는 세상이 도래했음을 이야기합니다.

또 하나의 책은 로버트 기요사키의 『부자 아빠 가난한 아빠』(민음인 출판사)를 추천합니다. '가난한 자들과 중산층은 돈을 위해 일한다. 부자들은 돈이 그들을 위해 일하게 만든다.' 이 문장은 이 책의 핵심 문장입니다. 돈을 열심히 벌어도 힘든 사람들은 노동수입만 있고 자산수입이 없어서 끊어질지 모르는 수입에 불안해합니다. 돈이 자신을 위해 일하게 하는 방법을 몰라서 다람쥐 쳇바퀴에서 내려올 수 없는 사람들이라는 것입니다. 꾸준한 자동수입을 만들어가라고 일깨워주는 책입니다.

이 두 가지 책은 요새 많은 사람들이 읽은 경제관련 책들을 읽기 전에 먼저 봐야 할, 자산구축에 대한 개념을 정립하기 위해서 꼭 필요한 기본적인 책이라고 할 수 있습니다.

그래, 하는 거야

발만 동동거릴 것인가?
자맥질을 실행할 것인가?

숨을 크게 들이마시고
눈을 부릅뜨고
시원한 물 속에 얼굴을 쑥 한번 넣어보자

- 책권자 -

CHAPTER

4

실행력

발만 동동거릴 것인가?
자맥질을 실행할 것인가?

4단계 실행력에서는 실제 실행력을 잘 보여주신 분들을 소개 해드리고 싶었습니다.

하고 싶은 일은 다해보는 N잡러 도전의 아이콘

첫 번째로 실행력이 좋은 분으로 소개하고 싶은 분은 퍼스널브랜딩 전문가로서 클래스101 강사이며, 『스물여덟 구두를 고쳐 신을 시간』, 『내안의 거인』, 『감성 글쓰기』, 『브랜드로 산다는 것』의 저자 김진향 작가님입니다.

남들이 다 똑같은 길을 갈 때 당당히 자신의 길을 걸어가면서 꾸준한 도전을 하였습니다. 김진향 작가는 19살에 아버지가 돌아가셨는데 20년간 아프시다가 돌아가신 아버지를 보면서, 현재 내가 좋아하는 일을 하면서 도전을 해야지 인생이 허무하지 않겠다는 생각을 하게 되었다고 합니다. 좋아하는 일에 많이 도전하게 되어서 N잡러가 된 것이라고 합니다.

구두공장에서 독학으로 구두디자인 공부를 하여 구두디자이너가 되고 카페주인이 되기도 하고 방송국 DJ, '올리비아 K'라는 이름의 가수로도 음반을 내서 활동했고 온라인쇼핑몰 대표, 출판사 대표, 클래스101의 퍼스널브랜딩 강사, 작가, 글쓰기 코칭 등 수많은 N잡에 도전하고 있고 영화배우에도 도전하는 도전의 아이콘입니다.

도전의 현재진행형이라고 할 수 있습니다. 수많은 청년들에게 도전정신을 불어넣어 주기 위하여 글쓰기에도 도전하라고 하면서 『감성글쓰기』(출판사:리치케이북스)라는 책도 출간하시고, 강연도 많이 하시는 퍼스널브랜딩 분야의 명강사님이십니다.

부동산 성공의 원리를 파해친 부동산 전문가

두 번째로 실행력이 높다고 말씀드리고 싶은 분은 현재 KEB하나은행 부동산자문센터장이시며, 『한국의 부동산 부자들』(원앤원북스)의 저자 이동현 작가님입니다. 이동현 작가님은 부동산 분야의 깊이 있는 공부를 하시고 성공자인 한국의 부동산 부자들을 연구하여 그들의 투자트렌드, 백전백승 하는 투자의 불변원리, 안목을 가지고 하는 선견지명 투자 원리, 그리고 성공자의 투자습관을 파악하고 다른 이의 성공을 돕는 컨설턴트로서 활동하고 계시는 분입니다.

도전하는 사람들,
실행하는 사람들의 사례를 파악하고,
실행력의 중요성을 알고,
실행력을 분석하셨습니다.

작가님은 부동산 성공의 원리를 알아내고,
그냥 단순히 어떻게 하라는 가이드만 하지 않았습니다.
실무에서도 즉시 적용해서 실천을 해봅니다.

이동현 작가님의 『한국의 부자들』 책은 성공의 원리가 실제 또 다른 곳에서 적용되는지, 그리고 보완이 될 점은 없는지 끊임없는 연구를 하고나서 실제적인 이야기들로 채워진 책이라서 더욱 현장감이 생생히 살아 있는 책이라고 할 수 있고, 세월이 지나도 적용되는 성공의 원칙을 실행력이 탁월한 사람들로부터 알아냈고, 또 그 원리를 실행해보고 검증하고 책을 쓰셨습니다.

삶이 KO되어도
다시 일어나는 챔피언

세 번째로 추천하고 싶은 분은 국민의 건강을 책임질 컨디션트레이너이며, 『맨땅다이어트』 이희성 작가님입니다.

이희성 작가님은 고3 때 프로복싱 페더급 신인왕을 수상하였으나 무리한 훈련으로 건강이 악화되어 권투를 포기하게 되었고, 자포자기와 술로 10여 년을 방황하고 삶을 내려놓으려고도 했습니다.
몸관리를 안하고 살다가 살이 많이 찌게 되었지만 다이어트를 결심하게 되었고 그때부터 건강에 대한 관심을 갖고 무리하지 않는 다이어트, 건강한 컨디션을 지속적으로 관리하는 방법을 연구하여 본인 스스로 체험하고 보여주면서 수많은 운동선수들의 컨디션 관리를 해주는 '컨티션트레이너'로서 활동하고 수많은 대기업 임직원들의 컨디션 관리 강의 요청을 받는 명강사입니다.
특히 사단법인 강사협회의 42호 명강사로도 등록되어 있습니다. 단주(斷酒)를 결심하고 현재까지 금주의 약속을 지켜오신 분입니다.
올바른 식습관과 운동법, 체중관리, 틀어진 몸의 균형도 관리하는 것을 몸소 실천하고 건강하게 사는 방법을 쉽게 전파하는 분이시며, 최근에는 '맨땅다이어트'라는 유튜브도 운영하면서 건강전도사로 활동하고 있습니다. 삶이 KO패가 된 적도 있었지만 다시 재기할 수 있다는 꿈을 가지고 결단하고 망가진 몸을 다시 재건해낸 것을 보면 실행력이 대단한 분이라고 할 수 있습니다.

난독증 환자가
1인 지식기업가가 되다

네 번째로 제가 추천하고 싶은 분은 『자잘하게 살지 말고 잘 사는 법』의 저자 이영권 작가님입니다.

이 분은 사실 제가 이 책에 말씀드린 성공의 8단계를 그대로 실천하면서 그토록 원하던 1인 지식기업가가 되어서 꿈을 이루신 분입니다. 외국계 기업을 다니다가 본인의 의지와 상관없이 세계 정세 변화에 의해서 회사를 그만두게 되면서 자신을 돌아보고 나 자신의 삶을 잘 살아가는 방법에 대하여 고민해보고 책을 내게 되었습니다.

난독증이었던 이영권 작가님은 매일 독서를 꾸준히 하고, 매일 꾸준한 운동을 하면서, 매일 성공자의 오디오를 들으면서, 매일 실천을 쌓으면서 1인 지식기업가가 되신 분입니다.

지금까지 소개해드린 분들은 실행력이 대단한 분들입니다. 하루의 삶을 소중히 생각하면서 설마 도전에 실패하더라도 실패를 실망으로 만들지 않고 도전하고 매일매일의 도전 시간을 쌓았습니다. 바로 이 분들을 성공으로 이끄는 길이 실행력이었음을 잊지 않으시기를 바랍니다.

스토리를 텔링하려면 스토리를 만드는 일을 실행하는 것이 우선입니다.

『스토리 액팅』(이담출판사) 책의 앞부분에 보면 행복과 죽음에 대한 이야기를 합니다.

"죽음에 대해서 살아가는 방법을 배우십시오. 그러면 죽는 법을 알게 됩니다. 죽는 법을 배우십시오. 그러면 사는 법을 알게 됩니다. 훌륭하게 살아가기 위한 최선의 방법은 언제라도 죽을 준비를 하는 것입니다."

이 말은 모리 슈워츠(Morrie Schwartz, 미국, 1916.~ 1995) 교수님의 마지막 메시지입니다. 삶의 소중함을 죽음을 맞이하면서 감동으로 알려주신 분이시지요. 우리는 자신의 인생의 스토리텔링을 위해 행복과 죽음을 응시해야 합니다.

자신의 성공 후에 성공 스토리텔링을 하기 위해서
인생의 시나리오를 써보고
그 스토리대로 되도록 스토리액팅을 해야 됩니다.
스토리액팅이 내 삶을
스토리텔링을 할 수 있게 해주도록 만들어 주는 것입니다.

시간관리, 실행력을 높이는 방법

실행력을 향상시키기에 좋은 것은 시간관리입니다. 아무리 힘들게 내가 하기 싫은 일을 하고 있어도, 꾸준한 독서 시간을 쌓을 시간, 짧은 유튜브 영상 올릴 시간, 블로그 포스팅 한 개 올릴 시간, 매일 핸드폰 사진 한 장씩 찍어 사진작가로 성공할 시간, 매일 찍은 짧은 영상을 모아 다큐멘터리 영화감독이 될 시간은 있습니다. 짧은 시간이라도 내 마음을 뛰게 하는 일이 있다면 그 시간에 투자하십시오.

그 투자한 자산이 파이프라인이 되어 당신을 일으킬 것입니다. 기회가 되는 시간에 투자하십시오. 속도보다는 방향이고, 기회는 바로 이 순간입니다. 헛되이 버리는 시간을 돌아보고, 매일 나에게서 버려지는 시간이 있는지 살펴보고, 알뜰하게 나의 시간을 활용한다면 자투리 시간을 모아도 시간투자가 가능합니다.

물은 100℃에서 끓는다

물은 99℃에서 끓지 않고 100℃에서 끓습니다. '시도'와 '도전'은 다릅니다. 100℃까지 끝까지 해내는 것에 도전하십시오. 현재 살아가기에 힘들다 하더라도 나의 미래에 자투리 시간을 투자하는 수밖에 없다 하더라도, 그래도 그 투자의 시간이 쌓이고 쌓여서 100℃의 끓는 점에 도달하기를 바라며 도전해야 합니다.

성공할 때까지 계속 실패를 하자

마지막으로 『KEEP GOING』(킵고잉)의 저자 신사임당(유튜버, 본명 주언규)님을 소개합니다. 제가 배우고자 하는 신사임당님의 성공포인트는 '도전' 입니다. 신사임당은 『KEEP GOING』(킵고잉) 책에서 '주사위를 던져서 3이 나와야 10억을 벌고 나머지 숫자가 나오면 오히려 1억을 내야 한다는 게임이 있다면, 한번 실패해서 잃었다고 포기하지 말고, 성공할 때까지 도전해야 하지 않겠냐?' 고 하셨습니다.

저는 이렇게 생각을 합니다.
'매일의 실패는 나에게 로또 번호를 준다고 생각하자.
그래서 매일매일의 로또 번호를 꼬박꼬박 3년 동안 모은다면,
3년 후에 당첨번호를 다 모으고, 그 상금을 탈 수 있다면,
매일매일의 실패는 달게 받을 수 있다' 라고 말입니다.

신사임당님은 4차산업의 핵심인 시공간의 연결을 잘 활용하는 공간대여 사업, 스마트스토어 그리고 유튜버로 성공했습니다. 그 과정에서 숱하게 실패했습니다. 경험이 많지 않아서 실패가 많을 수밖에 없었습니다. 그러나 트렌드를 잘 읽은 것입니다. 트렌드 방향이 맞다고 생각하고 실패를 거듭하면서도 실패의 경험을 모아서 성공을 향해 달려갔기 때문에 오늘의 신사임당님이 있었던 것입니다.

베짱이의 플레이 리스트

누구를 좋아한다는 말은
누구를 닮고 싶다는 말일 수도 있다
내 책장의 눈높이 한칸
그 재생목록에는 그분들이 담겨 있다

- 책권자 -

CHAPTER
5

멘토와의 만남

멘토는 초고속 하이퍼루프를 알려준다

성공의 8단계 중 다섯번째, '멘토와 만남' 입니다. 저는 멘토를 위해 어떻게 만나야 하는지 말씀드리고 싶은 것이 있습니다.

멘토와의 만남을 어떻게 할 것인가?

첫 번째, 만일 어떤 길을 가겠다고 한다면 그 분야에서 '성공한 사람'을 멘토로 만나라는 말씀을 드리고 싶습니다.

기타를 배우고 싶은 사람은 기타를 잘 치는 사람에게 배워야겠지요? 골프를 잘 치고 싶은 사람은 프로골퍼에게 가서 배워야 빠르게 잘 배우게 되겠지요?

성공한 사람의 코칭을 받으면 실패한 사람에게는 없는 노하우를 전수받을 수 있습니다. 심지어 성공한 사람인 투자의 대가 워런 버핏(미국, 1930.8.30~, 버크셔 헤서웨이 CEO, 투자가)과의 점심식사를 위해서 큰 돈을 내면서 식사 기회를 입찰하는 사람들도 있습니다.

두 번째로는 성공한 멘토와의 만남을 '정기적'으로 가지라고 말씀드리고 싶습니다.

왜냐하면 멘토의 성공 노하우는 한 번에 배우기가 어렵기 때문에, 여러 번 만나서 들어야지 그 노하우를 다 전수받을 수 있습니다. 단번에 기초에서 고급까지 배울 수가 없겠지요? 자주 만나야 합니다.

제가 성공의 단계를 8단계로 나누어서 설명 드리는 것도 이 때문입니다. 저의 멘토에게서 차근차근 각 단계에 대해서 배웠고, 그리고 저의 노하우를 멘티에게 잘 전달하기 위해서 8단계로 나누어서 그 단계별로 해내는 것을 보면서 도움을 주었습니다.

세 번째는, 멘토에게 나에 대한 진단을 받고, 멘토가 알려준 해결 방법을 믿고 따르라는 것입니다.

다른 사람이 나를 객관적으로 관찰하고 상담한 후에 알려준 행동 방법은 나의 삶을 성공으로 바꾸게 됩니다. 다른 사람들이 나를 평가하는 것이 내가 가진 나에 대한 편견을 깨뜨리게 될 것입니다. 이처럼 멘토는 나를 관찰자로 바라보고 조언을 해주기 때문에 나에게 거울과 같은 존재가 되는 것입니다.

하나은행 부동산투자자문센터장 이동현 작가님의 『한국의 부동산 부자들』에서도 역시 부동산에서 성공하려면 부동산 전문가를 활용하라고 합니다. 부동산으로 돈을 벌고 싶다면 부동산을 공부하라고 합니다. 돈에 대한 전문기관인 은행과 친해지라고 이야기합니다. 부자들은 단순히 친구 말만 듣고 덥석 건물을 사지 않습니다. 부자들은 은행, 부동산 전문가, 세금 전문가 등을 멘토로 삼아서 열심히 배우려는 자세를 가지고 있는 것입니다.

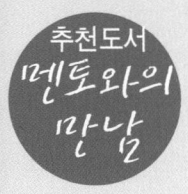

성공자가 알려주는 초고속 지름길

　가이 스파이어(독일, Guy Spier, 아마쿠아린 펀드매니저)가 지은 『워런 버핏과의 점심식사』라는 책을 추천해 드리겠습니다. 이 책은 가이 스파이어가 실제로 워런 버핏과 점심식사를 하고 쓴 책입니다. 엘리트로 살아온 가이 스파이어가 워런 버핏을 만나서 '가치 투자가'로 변화되는 과정을 보여줍니다. 이 책에서도 역시 제가 말씀드린 멘토를 만날 때 세 가지 명심할 것을 가이 스파이어가 실행하였습니다.

　첫 번째, '그 분야에 성공한 사람을 만나라.'
　투자의 달인 워런 버핏을 찾아갔습니다.
　두 번째, '성공한 멘토와 정기적으로 만남을 가져라.'
　저자는 성공한 가치 투자자들과 더 많이 만나려고 노력했습니다.
　세 번째, '멘토가 나에 대해 한 진단을 믿고 따르라.'
　가이 스파이어는 가치 투자가로 변화하라는 워런 버핏의 말을 듣고 따르면서 행복한 투자가가 되면서 삶이 변화됩니다. 여러분도 좋은 성공 멘토를 만나서 꿈을 이루시고 행복해지시길 바랍니다.

감사해요

감사해요
손잡아줘서

감사해요
어깨너머 들리는 웃음에 같이 웃을 수 있어서

감사해요
말은 안해도 응원의 눈빛을 전해 주어서

감사하고 감사해요
함께여서

- 책권자 -

CHAPTER
6

열정과 끈기
멘토와 팀과 함께하라

열정과 끈기

꿈을 이루어내는 과정에서 무엇을 해야 할까요? 지속적인 실행이 중요합니다. 토끼와 거북이의 경주 이야기에서도 토끼의 재능보다도 거북이의 끈기가 중요하다는 것을 알 수 있습니다. 그러면 열정과 끈기를 유지하기 위해서는 어떻게 해야 할까요?

나의 꿈을 매일 다시 보자.

1단계 꿈의 단계에서 자신의 꿈을 적은 꿈보드와 버킷리스트를 작성해 보셨을 것입니다. 꿈보드와 버킷리스트를 집에 잘 보이는 곳에 붙여놓으셨나요? 매일매일 나의 열정을 이끌어 주고 동기부여를 해주는 최고의 재료가 바로 내가 이루고 싶은 꿈입니다.

성공적인 습관만들기

 저도 유튜브와 블로그 『책권자』를 시작하면서 꾸준히 성공의 8단계에 대한 설명과 그에 맞는 책을 권하는 글과 영상 컨텐츠를 블로그와 유튜브에 올리다 보니까 클래스101이라는 온라인 플랫폼 회사의 전자책 출판 요청 메일을 받게 되어 전자책을 출간하게 되었고, 제 책이 프드프 전자책 플랫폼에도 승인이 되어 올라가게 되었습니다. 그리고 단희TV 유튜버가 운영하시는 인클이라는 강의 플랫폼에서도 강연제작 요청메일을 받고, 강의영상 제작 진행 중에 있습니다. 그러면서 동기부여와 성공의 노하우를 배우고 싶은 사람들에게 온·오프라인 강연도 하게 되었습니다. 8단계별로 이루어 나간 저의 습관적인 행동으로 인해서 이루어진 결과입니다.

 작가가 되고자 한다면 매일 한줄이라도 써보고 메모하는 습관으로 꿈을 이루어 낼 수 있습니다. 단 한 문장이라도 써보는 습관으로 작가가 되는 꿈을 이루어 낼 수 있습니다.
 저는 작가가 되기 위한 꿈이 있었기에, 핸드폰 메모앱을 켜고 갑자기 떠오르는 한토막의 글을 쓰는 습관을 가지고 있습니다. 때로는 항상 가지고 다니는 포스트잇에 떠오르는 글을 적어보기도 합니다. 이렇게 포스트 잇을 가지고 다니는 것도 글을 쓰는 습관을 만들겠다는 나의 열정이 다시 생각 나게 만드는 도구가 되기도 합니다.

멘토와 팀과 함께하는 70일간의 성공습관

멘토와 함께 소통하면서 나에게 성공습관을 만들어내는 것은 중요한 일입니다. 내가 꿈을 향해 달리기 위해서는 습관이 바뀌어야 합니다. 자신이 변화하기 위해서는 70일간 자신이 매일매일 해낼 수 있는 목표를 설정하고, 매일 실행하고 실행하는 내용을 사진으로 남겨서 매일 나의 멘토와 함께하는 SNS 단체대화방에 올리는 것은 좋은 방법입니다.

다른 이의 사진을 보면서 자극받게 되고 하루라도 잊지 않고 지속할 수 있도록 도와줄 것입니다. 70일간 지속한 나의 습관은 내가 해낼 수 있었다는 자신감도 주면서 나를 변화시키게 됩니다.

실제로 저와 함께한 70일의 습관만들기를 몇차례 열심히 하셔서 50대가 된 1인 지식기업가 이영권 작가님은 50대이지만 본인이 목표로 하신 바디프로필을 찍었습니다.

이렇게 70일간의 습관 바꾸기가 끝나면, 또 다른 목표를 세우고 70일간을 지속해 나가시길 바랍니다. 계속 나를 변화시킨다면, 수많은 변화를 만들어 낼 수 있을 것입니다. 성공에 이르는 길은 이처럼 열정과 끈기가 필요합니다.

성공스토리를 매일 듣는다

세 번째로, 내가 하고자 하는 분야의 성공자의 성공스토리 유튜브 영상, 오디오를 매일매일 듣는 것을 실행해 보십시오. 내가 멘토와 함께하는 SNS 단체대화방에 매일 한 줄씩 내가 본 오디오나 유튜브 영상에 대한 감상을 적는 것이, 내가 그 성공자들의 노하우를 받아서 자신의 것으로 만드는 행동입니다.

멘토가 추천하는 책을 매일 읽는다

네 번째로, 멘토가 추천해 주는 8권의 책을 매일 5페이지 이상 집중적으로 읽기입니다. 멘토는 수많은 책들 중에서 엄선한 책을 선정해 줄 것이고, 책이라는 것은 간접적으로 다른 사람의 노하우를 빠른 시간 안에 습득할 수 있는 도구입니다. 성공하는 사람들의 대부분이 책을 가까이하는 것이 좋은 방법이라고 이야기를 하고 있습니다.

책을 읽은 내용을 멘토와 함께하는 SNS 단체대화방에 매일 한 줄 감상평을 올리다 보면, 어느 덧 그 8권의 책이 나의 책이 되는 것을 느끼게 될 것입니다. 읽었던 책을 또 읽어보는 것도 좋습니다. 책이 또 나에게 동기부여를 해주고 조금이라도 모자란 부분을 계속 채워

주기 때문입니다.

  멘토와 함께 공통 관심사를 가진 팀과 함께 이렇게 나의 습관을 바꾸고, 성공스토리와 책을 함께 하며 이어 나갈 수 있는 시스템에 동참한다면 성공을 향해 길을 가는 것입니다.

함께 이기기 위해
우리는 손을 잡아요

앤절라 더크워스(Angela Duckworth, 미국)의 『GRIT』이라는 책을 추천합니다. 앤절라 더크워스는 펜실베니아대 심리학과 교수이십니다. 뉴욕시 국립학교의 수학교사로 근무하면서 아이들을 가르칠 때 성적이 좋은 학생과 나쁜 학생의 차이점은 단순히 지능지수(IQ)에 있지 않다는 사실에 주목합니다.

인생에서 재능이나 성적보다 훨씬 중요한 다른 요인이 있다는 것을 깨닫고 재능보다 목표 달성을 예측할 수 있는 역량 즉 GRIT을 연구하였고 이 책에서 설명하고 있습니다. 성공한 사람들은 열정과 결합된 끈기가 있었다고 합니다.

이 책은 내가 물려받은 환경을 탓하기보다 열정과 끈기가 결국 성공을 이루어 내는 능력이라고 이야기해주고 있습니다. 그러나 우리는 도전하는 일들이 작심삼일이라는 말처럼 쉽게 그만두는 경우가 많습니다. 의지가 약해질 때 나를 붙잡아줄 멘토가 있고 함께하는 팀이 있다면 열정이 떨어지지 않을 것이고 혹시 넘어져도 팀이 주는 에너지로 다시 일어설 수 있을 것입니다. 멘토와 좋은 팀과 함께 열정과 끈기를 놓지 않고 잘 유지해서 성공에 이르시기를 바랍니다. 재능과 환경을 뛰어넘는 열정적 끈기의 힘으로 성공에 다가가시기를 바랍니다.

마음은 낳고

웃음은 웃음을 낳고
긍정은 긍정을 낳고
마음은 마음을 낳고

- 책권자 -

CHAPTER

7

긍정의 힘
무한한 긍정의 힘

긍정의 힘

성공의 8단계 중에 7번째, '긍정의 힘' 입니다. 긍정의 힘을 믿고 멘토와의 긍정적 상담을 하라는 것입니다.

만일 다이아몬드가 있다고 생각해봅시다. 다이아몬드가 진흙 탕 속에 빠져 있다고 하더라도 다이아몬드가 진흙으로 변화되지는 않습니다. 다이아몬드를 진흙에서 꺼내서 닦아서 그 빛을 내게 해준다면, 진정으로 그 가치를 드러내는 것입니다. 다이아몬드는 원래 다이아몬드로서의 가치가 있는 것입니다.

사람도 마찬가지입니다. 각자의 가치가 있습니다. 본인이 잘 해낼 수 있는 일이 있을 것입니다. 본인 스스로 자신이 가치있는 사람이라고 인식될 때 그 가치를 다시 발현할 수 있는 겁니다. 우리는 역경을 딛고 일어나는 사람들을 많이 보게 됩니다. 역경 속에서도 자신의 가치를 발견하는 사람들입니다.

지금까지 이 책의 성공의 8단계를 실행해 나가면서 꿈을 가지고, 결단하고 실행해나가면서 그 실행해 나가는 부분에 대해서 분명히 실패가 있었을 것입니다.

그 실패로 인하여 다시 좌절한다면 성공에 이르지 못하고 좌절하게 되는 것입니다. 이렇게 어떤 실패가 있을 때에는 반드시 이 7단계에서 멘토를 찾아가서 상담해야 합니다.

자신의 가치를 찾는 것을 돕는 사람이 바로 멘토의 역할입니다. 그리고 멘토는 긍정적 상담을 통해서 멘티의 가치를 발견하도록 돕습니다. 그런데 멘토와 상담할 때 주의할 점은 상담을 '긍정적인 마인드'로 하라는 것입니다.

단, 멘토를 찾아갈 때에는 '멘토에게 긍정적인 상담을 받아야 되겠다. 지금 현재의 나에 대해서 위로를 받아야 되겠다, 그리고 내가 다시 용기를 가질 수 있는 그런 상담을 받아야 되겠다.' 라는 마음가짐을 가지고 찾아가십시오. 부정적인 이야기를 늘어놓으러 간다면 상담 자체가 그냥 부정적으로 흐르게 됩니다. 그렇게 되면 결국 자신은 더 나약해집니다.

그리고 멘토의 입장에서도 반드시 이 긍정의 마인드를 가지고 멘티에게 상담을 해야 합니다. 멘티의 가치를, 그분의 놀라운 능력을 반드시 믿어주고, 긍정적으로 이야기 해주어야 합니다.

'그래요, 당신이 꼭 성공해야 할 스토리가 하나 더 생겼군요! 반드시 성공하게 되실 것입니다.'라고 말입니다. 그러면 그 상담을 받는 분도 반드시 용기를 가지고 자기의 능력을 발휘하게 됩니다.

실패가 실패로 끝나지 않게 그것을 딛고 다시 새로운 것을 재창출 해내는 그 힘은 바로 '긍정의 힘' 입니다. 이 긍정의 힘을 믿고 있는 멘토와 멘티가 만나서 상담하는 것은 놀라운 효과를 거두게 될 것입니다.

저 또한 항상 멘토를 찾아갔었고 꿈에 도전하며 실행하는 일들이 잘 안되는 부분이 있었을 때, 상담을 했습니다. 물론 저의 멘토가 전지전능하게 저에게 모든 해결책을 주지는 않았습니다. 그러나 저에게 제일 중요한 용기를 주었습니다.

제가 두바이 성공자포럼 참석을 목표로 하고 열심히 집중을 하고 있었을 때입니다. 6개월까지는 성공습관을 지켜나가고 있었지만, 이제는 힘들다고, 그만하겠다고 하려고 멘토를 찾아갔습니다. 그리고 이제 조금 쉬고, 다음 기회에 다시 도전하겠다고 말하러 갔습니다. 그런데 저의 멘토는 매우 긍정적인 마음으로 맨토링을 해주었습니다.

'이때까지 6개월은 정말 잘했다. 앞으로도 잘 할 것이다. 너가 꿈꾸던 경제적 자유를 이루어 나가고 있구나. 조금만 더 하면 되겠네. 앞으로도 더 잘해낼 것이라고 믿는다.'

제가 반드시 쓸모 있는 사람이라는 저의 가치를 깨닫게 해주었습니다. 그런 긍정적 상담이 저를 주저앉지 않도록 하였고, 현재의 저를 만들어 주었습니다. 그리고 저 또한 저의 멘티에게도 멘토에게 배운

대로 긍정의 힘을 믿고 긍정적 상담을 하려고 노력하게 되었으며 저의 멘티의 성장을 잘 돕게 되었습니다.

 여러분들도 긍정의 힘을 믿고 함께 의지할 수 있는 멘토를 자주 찾아가서 상담을 하시는 것으로 실패를 오히려 자신의 성공스토리에 녹여내는 놀라운 경험을 하시기를 바랍니다.

멘토와의 만남에 앞서
스마일 셔츠를 입으셨나요?

조엘 오스틴 목사님의 『긍정의 힘』이라는 책을 추천합니다. 이 책은 목사님이 쓰신 책이긴 하지만 종교가 다른 분이라 할지라도, 긍정의 힘에 대해서는 많은 도움을 받을 수 있는 아주 좋은 책이라서 추천을 해드립니다.

조엘 오스틴 목사님은 '웃는 목사' 라는 별명으로 유명하신 분입니다. 어려움이 있는 사람들에게 또 다른 희망과 용기를 주는 책을 쓰셨습니다. 이 책에서는 미래엔 잘될 거야라는 막연한 생각보다는 현재의 나를 긍정적으로 바라봐야 된다는 말을 해주고 있습니다. 현재의 나에게 응원을 해준다면, 오늘의 내가 아무리 실패하고 실패했을지라도 그 실패를 딛고 역경을 딛고 더 나아갈 용기를 갖게 되고 자신의 가치를 더 찾아내는 길에 들어서게 되는 것입니다.

우리는 멘토와 함께 이런 긍정의 힘을 공유하는 상담을 정기적으로 해야겠습니다. 그리고 나의 멘토가 함께 하는 사람들과 한 팀이 되어서 정기적인 교류를 하는 것도 도움이 될 수 있습니다. 긍정의 힘은 함께하면 전염이 되는 놀라운 효과를 가집니다.

우리 자녀에게 무엇을 전해 줄지 생각만 하지 말고
직접 말로 해야 합니다.
축복은 말로 나 온 후에라야 비로소 축복이 됩니다.
자녀에게 애정 어린 목소리로 말하십시오.
"널 사랑하고 믿는단다. 너는 참 대단한 아이야.
너는 세상에 둘도 없는 나의 소중한 보물이란다."
자녀는 어머니로부터 인정해 주는 말을 듣고,
어머니의 사랑을 느끼고,
어머니에게서 축복을 받아야 합니다.

- 조엘오스틴 목사님의 작가 한마디 中

사람이 온다는 건
실은 어마어마한 일이다
한 사람의 일생이 오기 때문이다

– 전현종 시인의 시 〈방문객〉 중에서 –

CHAPTER
8

레버리지
복제가 만드는 레버리지 파워

성공의 8단계 중에 마지막 8단계 레버리지입니다.

레버리지란?

레버리지란 '지렛대'라는 뜻입니다. 적은 힘을 들여서 많은 일을 해내는 것이 바로 레버리지라고 할 수 있습니다.

그래서 레버리지를 당하는 것보다 레버리지를 하는 사람이 훨씬 적은 힘으로 많은 돈을 벌어들인다고 생각하시면 됩니다. 우리는 쳇바퀴 같은 시스템에 이용당하고 있는 것인지, 적은 힘을 들여서 많은 성과를 이루어내는 현명한 사람이 될 것인지 좀더 생각해보아야 할 것입니다.

우리는 레버리지를 당하는 사람이 되지 말고 레버리지를 하는 사람이 되어야겠지요? 레버리지를 당하는 사람이 되지 않도록 어떻게 하면 될까요? 레버리지 당하는 경우는 남들을 위해 노력하고 나의 시간을 주고 그에 비례해서 돈을 받는 사람이 레버리지를 당하는 사람이라고 할 수 있습니다.

반면 적은 힘으로 많은 돈을 벌어들이는 사람을 레버리지 하는 사람이라고 할 수 있습니다. 프렌차이즈 사업도 레버리지라고 할 수 있습니다. '와플 박사'라는 분이 자신이 만든 고유의 레시피로 성공적인 와플전문점을 운영해서 월 수익 500만 원을 가져가고 있다고 가정해봅시다. 다른 곳에 매장을 오픈하려면 투자금과 인건비 등의 부담이 있습니다. 이럴 때 보통 프랜차이즈 본사를 만들어서 가맹점을 모집합니다. 자신의 레시피와 경영노하우를 알려주고, 공동구매 소모품에서도 조금씩 이익을 남기고, 각 점포들의 마케팅도 함께 해주면서 가맹점이 잘 되도록 지원을 해줍니다. 일단 이 상황에 각종 요소를 고려하자면 복잡하지만, 아래와 같이 본사 2인 인건비가 증가되고, 점당 본사가 가져가는 수익이 100만 원이라고 단순화해서 가정해 봅시다.

- 추가지출: 본사인력 300만 원/월 x 2인 = 600만 원/월
- 수입: 100만 원/월 x 50개 가맹점 = 5,000만 원/월
- 추가수익: 5,000만 원/월-600만 원/월 = 4,400만 원/월

최초 본사 직영점 1개의 수익 500만 원/월 보다 8.8배나 많은 엄청

난 수익의 증가를 만들어 낼 수 있습니다.

본인이 모든 것을 다하려고 하지 말고 복제의 힘을 믿고 자신의 일을 위임하여 내 시간과 자금을 적게 들여서 크게 성과를 이루어내는 것을 레버리지라고 할 수 있습니다. 자신의 24시간을 24개월로 늘리는 마법과도 같은 기술이 바로 레버리지입니다. 레버리지를 만들어내는 방법은 돈을 투자해서 회사를 만들어서 다른 사람에게 월급을 주고, 더 많은 이익을 만들어내는 시스템을 만들면 되는 것입니다. 그리고, 발전가능성이 높은 회사에 투자를 해서, 그 회사의 성장에 대한 주가의 상승과 배당을 받는 것도 레버리지의 한 형태라고 할 수 있습니다. 레버리지는 이렇게 내가 투자한 돈을 지렛대로 이용하여 더 많은 이익을 가져오도록 만드는 것을 이야기하는 것입니다.

그런데 레버리지를 만드는 또 다른 방법도 있습니다. 작가가 되어 저작권을 받는 방법이 있고, 온라인 플랫폼에 강의 영상을 올리는 방법, 유튜버가 되는 방법도 있습니다. 내가 다른 사람보다 잘한다고 생각하는 것을 컨텐츠로 만들어서 그 컨텐츠를 온라인 상에 올려 놓고, 꾸준히 그 가치에 대한 보상을 받는 것도 시간을 투자해서 만든 지렛대를 이용하여 수익을 만들어내는 방법인 것입니다.

빌라를 경매로 저렴하게 구입하거나, 전세 또는 보증금과 월세를 받아서 저렴하게 구입해서 월세 수익이나 시세 차익을 내는 방법도 레버리지의 한 형태라고 볼 수 있습니다. 또 다른 방법은 네트워크마케팅이 있습니다. 내가 어차피 생활 속에서 써야 하는 제품이라면, 사용해보고 제품이 좋다고 소문을 내면 누군가는 그 제품이 좋아 보여서 사게 됩니다. 그러면 나의 추천인 아이디를 알려주게 되고, 다른 사람은 그 추천인 아이디를 입력해서, 온라인에서 구입하는 사람들이 생깁니다. 그렇게 소비자들의 네트워크가 점점 커져나가면 내가 들인 시간 투자만으로도 지렛대의 역할이 되면서 광고비를 대체한 대가로 수입이 점점 늘어나는 것도 레버리지의 한 형태라고 할 수 있습니다. 그리고 내 삶에 맞는 레버리지를 발견하고 작가가 되든지, 유튜버가 되든지, 사업가가 되든지 성공을 해내고 성공의 경험을 복제하시기 바랍니다.

개미와 베짱이의 예를 들어보겠습니다.
열심히 일만해서 식량을 모아서 저축해서 그해의 추운 겨울을 견디는 개미가 있고, 좋은 온실과 씨만 뿌리면 많은 식량을 거둘 수 있는 자동 수경재배 시스템을 구축한 베짱이가 있다고 생각을 해봅시다.
그리고 베짱이는 수경재배해서 많은 양식을 거둬들이고 또 계속 수경재배 온실을 늘려나가서 부가 계속 증가된다고 합니다.
개미와 베짱이 중에서 과연 누가 현명할까요? 과연 진정한 자유는 누가 누릴까요? 그리고 더 많은 자동시스템 수입을 만들고 싶다면, 이렇게 레버리지를 해서 만드는 시스템 수입을 계속 복제하면 더욱 수입은 늘어날 것입니다. 내가 만든 레버리지를 많이 만들수록 더 큰 성공을 이루게 되실 것입니다.

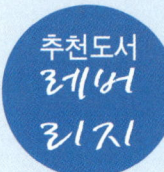

개미가 큰 바위를 옮길 수 있는 방법

롭 무어(Rob Moore, 영국, 사업가, 부동산기업 프로그레시브 프로퍼티 운영)가 지은 책 『레버리지』(다산북스)를 추천해드립니다. 롭 무어는 영국에서 가장 빠르게 성공한 30대 초반의 백만장자이자 자기자본 한 푼 없이 500채 이상 부동산을 소유하는 데 성공한 인물입니다. 롭 무어는 대학 시절 몇 차례 사업을 시도했으나 모두 실패했습니다. 빚이 엄청나게 불어나 파산 상태에 빠지기도 했지만 그 과정에서 레버리지의 원리를 터득했고 3년 만에 경제적 자유를 획득했습니다. 현재 영국에서 큰 부동산 교육 회사 '프로그레시브 프로포터'를 포함한 7개의 사업체를 운영 중입니다.

"당신이 만약 16년 동안 공부하는 교육시스템을 통과하고 그 과정에서 수천만 원의 빚을 지고 직업 피라미드에서 가장 밑바닥인 저임금의 일자리를 구한 다음 40년 동안 천천히 고통스럽게 일하는 삶을 원한다면 이 책은 당신을 위한 책이 아니다."

이 책의 앞부분에 나오는 내용입니다. 내 삶을 레버리지 할 것인가 꼭 고민해보라고 권유합니다. 다른 사람의 지렛대로 이용되지 말고 나 자신을 위해 살기를 바랍니다.

이 책에는 한 가지 비밀이 담겨 있다.
이 비밀은 5만 파운드 빚더미에 올라 방황하던
한 남자를 3년 만에 백만장자로 만들었다.
그것은 바로 자본주의다.
자본주의는 당신이 생각하는 것보다
훨씬 많은 기회를 품고 있다.
그리고 『레버리지』는 그 자본주의를
내 편으로 만드는 기술이다.
끊임없는 노동과 희생의 규칙을 깨뜨리고,
최소한의 노력과 시간으로
자본을 증식하는 새로운 부의 공식이다.

출판사 〈다산북스〉 책 소개 글 中에서

퍼스널 브랜드

내삶이 내삶이되는 오늘
내이름에 수식어를 다는 날

어디 소속의 누구님 말고
어떤걸 하는 누구님이 되는

바로 오늘
- 책권자 -

CHAPTER 9

퍼스널 브랜딩

나를 찾아가는 여행 길라잡이

나만의 퍼스널 브랜드는 무엇일까?

이렇게 꿈을 이루어 낼 수 있는 8단계 방법을 알려드렸습니다. 그런데 어떤 꿈을 꾸어야 할지, 어떤 것에 도전해야 할지 아직도 막막한 분들이 있을 것입니다. 그렇다면 그런 분들을 위한 중요한 팁을 알려드리겠습니다.

바로 자신의 퍼스널 브랜드(Personal Brand)를 찾는 일입니다. 퍼스널 브랜드란 '개인의 재능이나 능력, 이미지의 총체로 남과 나를 구별시켜주는 핵심가치를 의미한다'고 할 수 있습니다.

나만의 퍼스널 브랜드를 찾는 방법?

퍼스널 브랜드는 어떻게 찾아낼까요? 제가 제안해드리는 것을 한번

따라해 보면, 어느 정도 자신의 퍼스널 브랜드를 찾아가는 데 도움이 되실 것입니다.

■ 나의 장점을 다른 사람에게 물어볼까?

우선 내가 잘하는 일, 좋아하는 일 중에서 꾸준히 할 수 있는 일을 찾아봅니다. 매일 해도 좋은 일을 찾아보는 것입니다. 다른 사람들에게 나의 장점을 세 가지만 이야기해 달라고 해보세요. 여러 사람들에게 물어볼수록 더 좋겠지요. 그렇게 나의 장점을 들어보면 내가 잘하는 것이 무엇인지를 알 수 있습니다. 그 중에 좋아하는 것을 골라보세요.

■ 나를 경험의 바다에 던져볼까?

경험하고 싶은 분야, 관심있는 분야가 있다면 주저하지 말고 뛰어들어 보길 바랍니다. 제일 간단하게 접할 수 있는 곳이 있다면 각종 문화센터에 개설되어 있는 1DAY클래스나 취미 활동이나 강의에 참여해 보는 것도 내가 좋아하거나 잘하는 일을 찾기에 좋은 활동입니다.

또한 독서모임을 추천하고 싶습니다. 왜냐하면 독서모임의 북클럽장은 그 분야에 대한 어느 정도의 전문가입니다. 심리학자가 주관하는 독서 모임은 그 클럽장처럼 심리상담사가 되고 싶은 사람이 듣고 싶은 노하우들과 배울 것이 많은 모임일 것입니다.

자영업으로 실패도 여러 번 했지만 성공해서 자신이 좋아하는 와인바를 운영하여 체인점까지 성공적으로 많이 만들어낸 분이 독서모임의 북클럽장을 맡고 있다면 실패를 줄이는 방법과 매장 운영 및 홍보를 잘하는 방법에 대한 인사이트를 받아가게 되는 모임인 것입니다. 그 외에도 스마트 스토어에서 성공한 사람. 독서를 많이 하고 필사노트를 많이 쓰고 있는 유명 인플루언서의 북클럽에서는 그분의 독서습관과 SNS 노하우를 배울 수도 있을 것입니다.

물론 학교에서 석·박사 학위를 받거나, 많은 돈을 내고 가는 최고위과정에 가서 배울 수도 있겠지만, 독서모임만 가도 그 분야의 전문가들을 볼 수가 있습니다. 실제적인 경험자의 노하우를 배울 수 있는 자리이기도 합니다.

몇 군데 좋은 북클럽을 소개해 드리겠습니다. 『역행자』라는 베스트셀러의 작가 자청님이 운영하는 강남에 위치한 욕망의 북까페에서 운영되는 욕망의 북클럽이 있습니다. 저도 참여를 해보니 좋은 경험이 되어서 좋았습니다. 그외에도 유명한 강사인 김미경 원장님이 운영하시는 MKYU(Me & You University)에도 북클럽이 있습니다. 그리고 또다른 북클럽으로는 '읽고, 쓰고, 대화하고, 친해져요'라는 슬로건을 가진 '트레바리'라는 북클럽이 있습니다. 트레바리 북클럽에서는 강남 또는 안국동 아지트에서 책을 읽고 만남을 하는 북클럽이 진행

되고 있습니다. 여기도 역시 각분야의 실제 경험을 많이 쌓으신 분들이 북클럽장으로서 클럽원들에게 많은 영감을 주고 있습니다.

■ 나의 퍼스널 브랜드 정하기

나를 표현하는 한 문장을 적어봅시다. 예를 들어 '식물을 사랑하는 식물의사', '꽃마음을 전달하는 우체부', '양평 스마트팜 청년농부', '차향기나는 청년', '탭댄스 개그맨', '브롬톤으로 쉬어가는 여행작가', '미니어처의 달인', '오늘은 힐링캠프에 누가 올까? 1인 미디어 운영자'

내가 다양한 활동을 하면서 깊어진 나를 돌아보는 시간 속에서 발견한 나를 표현하는 한 문장이 바로 나의 퍼스널 브랜드입니다.

■ 나의 시간을 쌓아서 자산으로 누적해 봅시다

이렇게 발견한 나의 좋아하는 일들을 브랜드화해서 블로그나 유튜브에 컨텐츠를 업로드 해봅시다. 제가 온라인에서 자주 보는 '꽃편지'라는 유튜버는 영상에서 예쁜 꽃을 기르는 영상들을 올리시는데 '꽃=꽃편지'라고 저에게 각인이 되어 있습니다.

또 다른 유튜버 중에서는 '사라고고'라는 등산유튜버가 있는데, 등산하면서 찍은 멋진 영상을 올리시는 분이라 '등산 = 사라고고'로 바로 연상이 되는 유튜버입니다. 이분들이 금방 떠오르는 것은 이분들이 쌓아온 영상들의 누적으로 인하여 만들어진 그분들만의 퍼스널 브랜드가 되었기 때문입니다. 나의 시간을 쌓아가는 일이 다른 사람들의 관심을 많이 일으키는 좋은 컨텐츠로 성장하면서 자신의 성공 기반이 될 수 있는 디지털 자산이 될 수도 있습니다.

여러분도 그냥 100대 명산을 산을 오르기만 하지 말고, 100대 명산에서 만난 산사람들과의 인터뷰를 하는 것을 기획해보세요. 그 인터뷰를 온라인상에서 써내려가는 글쓰기와 유튜브 영상이 여러분을 성장시켜줄 자산이 될지도 모릅니다.

■ 작은 글쓰기에 도전해보세요

온라인에 올린 블로그나 유튜브 영상이 자신의 온/오프라인 사업을 홍보해주는 수단이 되어서 덕을 톡톡히 보기도 합니다. 또한 책을 내는 작가가 된다는 것은 더 많은 명성을 이끌어 내어서 내가 하는 일에 보탬이 되고, 성공으로 가는 지름길이 될 수도 있습니다.

글 쓰기의 첫 단계가 자신의 SNS에 글쓰기를 시작하는 것이지요. 그 첫 시작을 도전해보세요.

■ 작가가 되는 도전

작가가 되는 것은 거창한 일이 아닙니다. 내가 하고 있거나 관심있는 분야에 대한 정보를 차분히 써내려가는 것이 작가가 되는 길입니다.

매일 한 줄이라도 써보는 습관만 들인다면, 그 한 줄을 확장해서 더 긴 글을 쓸 수도 있습니다. 그런 점에서 '프드프' 라는 전자책 플랫폼을 추천합니다. '프드프' 는 자칭 작가님이 운영하는 전자책 플랫폼인데, 전자책 분야에서 명성이 높은 플랫폼입니다. 최근에 '프드프 mini' 라는 서비스도 런칭되었습니다. 몇 페이지 안되는 글이라도 무료 또는 100~9,900원에 판매할 수 있는 글을 올릴 수가 있습니다. 물론 프드프의 승인이 나와야 글이 올라갈 수 있습니다. 짧은 글이지만 한 주제에 대해 시리즈로 여러 개의 글을 올리면, 그 글들이 모여서 하나의 책으로 완성이 될 것입니다.

그 외에도 '브런치' 라는 글쓰기 플랫폼도 있습니다. 앱에서 비공개 글을 써서 올리다가 브런치 작가로 승인이 되면 전체 공개가 되면서 다른 사람들이 읽을 수 있는 글로 전환이 되는 시스템을 가지고 있습니다.

이런 글쓰기 활동에 도전하다 보면 브런치에서 발굴되는 베스트셀러 작가가 될 수도 있고, 저처럼 이렇게 출판사를 통해 멋진 책을 발간하는 작가가 될 수도 있을 것입니다.

■ SNS는 여러가지 플랫폼을 모두 활용하자

저는 유튜브, 블로그, 인스타그램을 모두 사용하고 있습니다. 제가 잘하고 있는 방법은 먼저 유튜브에 영상을 올립니다. 그리고 유튜브의 영상을 중간 중간 캡처를 하는 것입니다. 그 영상의 캡처 및 설명을 블로그에 올리는 것입니다. 그리고 나서 인스타그램에도 그 중 맘에 드는 사진을 업로드 합니다. 꽤 짧은 시간에 3군데의 플랫폼에 나를 올리는 것입니다.

시간이 많이 들지 않는 SNS 활용법 중의 하나입니다. 이렇게 올리면 장점이 유튜브의 구독자가 블로그 이웃으로 이어질 수 있고 인스타그램의 팔로워로도 이어질 수 있기 때문입니다. 그만큼 나의 컨텐츠를 보는 사람이 많아지는 효과를 볼 수가 있습니다.

■ 퍼스널 브랜드는 한 개가 아니라 여러 개여도 됩니다

유튜버들도 한 개 채널만 운영하지 않고 여러 개의 채널을 운영하는 분들도 많이 있습니다. 만일 하고 싶은 일이 많다면 각각 성격이 다른 유튜브 채널을 운영하시거나 각각 성격이 다른 블로그 계정, 인스타그램 계정을 운영하시면 됩니다.

이제 이 책을 다 읽었다고 바로 꿈이 설정이 되고, 바로 내 퍼스널 브랜드를 만들어낼 수 있는 것은 아닐 것입니다.

저는 이 책을 가끔 다시 꺼내서 읽어 보시길 바라며, 일부러 이 책에 최대한 핵심내용만 담아서 두껍지 않게 집필하였습니다.

또한, 꿈과 퍼스널 브랜드를 설정하는데 도움이 되고자 더 알려드리기 위해서 참고해보시라고 제 다른 책 내용 중 2페이지를 이책에 실어 드립니다.

저의 또 다른 저서인 『평범한 삶을 바꾸는 성공의 8단계 SELF CHECK SHEET』를 활용해서 자신의 꿈과 퍼스널 브랜드를 설정해 보시기 바랍니다.

SELF CHECK SHEET를 작성하는 과정 중에서 많은 경험을 하게 되면서, 나의 퍼스널 브랜드를 찾아 낼 수도 있으실 겁니다.

잃어버린 나를 그 모래속에서 찾아봅니다.
아직은 내가 남아있으니까요.
이 해넘이가 끝은 아니겠지요.
아직은 반짝반짝 빛날 내 별들이 남아있거든요.

- 책권자 中 -

SELF CHECK SHEET 사용법

책권자의 『평범한 삶을 바꾸는 성공의 8단계』 책에 대한 실행을 돕는 SELF CHECK SHEET입니다. 이 책의 페이지를 채워 나가다 보면 꿈을 향해서 다가 갈 수 있을 것입니다. 이 SELF CHECK SHEET를 시작할 때엔 성공의 8단계의 첫 단계에 해당하는 사항인 아래 괄호 안을 꼭 채우시기를 바랍니다.

1STEP 나의 꿈

나는 올해 안에 (　　　　　　　)를 살 것이다.

나는 3년 안에 (　　　　　　　)를 살 것이다.

나는 5년 안에 (　　　　　　　)를 살 것이다.

나는 (　　)에게 (　　　　　　)를 해줄 것이다.

나는 (　　)에게 (　　　　　　)를 해줄 것이다.

3년 후에 나는 (　　　　　　　)이 되어 있다.

5년 후에 나는 (　　　　　　　)이 되어 있다.

10년 후에 나는 (　　　　　　　)이 되어 있다.

※ 평범한 삶을 바꾸는 성공의 8단계 SELF CHECK SHEET' 中

2~8 STEP 각단계별 작성법

2~3 STEP에서는 매일 해내려고 결심한 사항 중 매일 할 일과 매주 할 일을 적어봅니다. 4~8 STEP에 대해서는 아래 설명을 보고, 여백에 그날의 점검사항을 적어봅니다.

SELF CHECK SHEET

2s 결단	매일 (글쓰기, 그림 그리기, 운동, 팝송1곡 외우기 등)를 할 것이다.
3s 계획	매주 (독서모임참석, 라이딩, 악기연습, 강연수강, 정상석 인증샷)를 할 것이다.
/ 월	☐ 4S 실행력 매일 하려고 결단한 계획을 실천하였는가? 일요일은 주간 계획 실천 점검. ☐ 5S 멘토와의 만남 멘토와 매일 소통을 하였는가? 정기적 오프라인 만남 또는 화상미팅 ☐ 6S 열정과 끈기 성공자 영상 한편 보고 한줄 적기 / 멘토 추천 책 5p 읽고 한줄 적기 ☐ 7S 긍정의 힘 오늘은 ( )을 감사합니다. ☐ 8S 레버리지 무형의 자산을 쌓는 일을 했는가? 시스템 구축을 위한 일을 진행하였는가?

※ 평범한 삶을 바꾸는 성공의 8단계 SELF CHECK SHEET' 中

에필로그

꿈이 있는 삶이 행복한 삶입니다. 제가 잠시 잃어버린 꿈을 찾게 해준 것도 저의 멘토였습니다. 저에게 이 성공의 8단계를 알려주신 분도 저의 멘토였습니다. 다만 제 경험을 담아서 이 책을 냈을 뿐입니다.

사람이 온다는 건
실은 어마어마한 일이다
한 사람의 일생이 오기 때문이다
- 정현종 시인 詩 '방문객' 中

이 책을 읽는 분들이 모두 '잃어버린 꿈'을 다시 찾을 수 있기를 바랍니다. 자신이 다시 꾸게 된 꿈을 이루기 위해서 결단하고 행동하고 멘토를 찾아가고 끈기를 잃지 말고 함께 꿈을 이룰 수 있는 좋은 팀과 함께하고 긍정적 마인드를 놓지 말고 나만의 지렛대를 만들어 내고 복제를 할 수 있다면 반드시 성공에 이룰 수 있을 것입니다.

　저는 지금 작은 성공을 이루었고, 또 계속 저의 꿈을 실현하기 위해서 살아갈 것입니다. 그래서 저는 매일이 행복합니다. 살아가는 매일이 '나의 꿈에 다가서는 오늘'이기 때문입니다. 진짜 나의 꿈만을 위해서 살아가는 자유로운 삶이 되길 꿈을 꾸고 있습니다.

　이책을 읽은 독자님께서 자신의 꿈을 잘 찾았고, 퍼스널 브랜드를 잘 설정하셨다면, 'ㅇㅇ회사의 ㅇㅇㅇ부장님'보다도, 'ㅇㅇ네 엄마'보다도 'ㅇㅇ하는 ㅇㅇㅇ님'이 라고 자신의 꿈과 브랜드로 나를 표현하는 슬로건을 만들어 보세요. 다이어리에 이 슬로건을 적어 놓으면 매일 매일 설레이는 하루를 만나게 되실 것입니다.

　이 책을 읽는 모든 분들의 하루하루 꿈을 실현해 나가는 과정이 행복하시길 바랍니다.

| 참고도서 |

1) 『스물여덟 구두를 고쳐신을 시간』 김진향 | 라이스메이커
2) 『한국의 부동산 부자들』 이동현 | 원앤원북스
3) 『맨땅다이어트』 이희성 | 바른북스
4) 『자잘하게 살지 말고 잘사는 법』 이영권 | e퍼플
5) 『보물지도』 모치즈키 도시타카 | 나라원
6) 『플라톤이 들려주는 이데아이야기』 서정욱 | 자음과 모음
7) 『역행자』 자청 | 웅진지식하우스
8) 『스티브잡스』 월터 아이작슨 | 민음사
9) 『결단은 칼처럼 행동은 화살처럼』 권영욱 | 아라크네
10) 『엘빈 토플러 부의미래』 엘빈 토플러 | 청림출판
11) 『제3의 물결』 엘빈 토플러 | 홍신문화사
12) 『부자아빠 가난한 아빠』 로버트 기요사키 | 민음인
13) 『베이비붐세대 삼無사업 창업하기』 이영권 | 아름다운사회
14) 『스토리액팅』 전영범 | 이담북스
15) 『킵고잉(KEEP GOING)』 신사임당 | 21세기북스
16) 『워런버핏과의 점심식사』 가이 스파이어 | 이레미디어
17) 『GRIT』 앤절라 더크워스 | 비즈니스북스
18) 『긍정의 힘』 조웰 오스틴 | 긍정의힘
19) 『레버리지』 롭 무어 | 다산북스
20) 『평범한 삶을 바꾸는 성공의 8단계 SELF CHECK SHEET』 책권자 | 퍼플

베짱이의 마음

나의 마음은 그대를 위한 것
나의 노래도 그대를 위한 것
나의 춤도 그대를 위한 것

당신이 있어 행복합니다
당신과 함께해서 행복합니다
혼자 걷는 길이 아니라 행복합니다

어떻게 사는 것이 행복한 것인지
당신이 알려주었습니다
어떻게 감사해야 하는지 당신이 알려주었습니다
어떻게 당신께 해주어야 할지 생각하면서
꿈을 가지게 되었습니다
그래서 마음을 다해 노래하고 춤을 춥니다

베짱이의 도전

나는 매번 추움을 안아보았다
추움을 느꼈다, 그래도 추움을 부둥켜안고
그 추움을 녹여 내었다.
때로는 오들오들 떨리고
추움을 이기지 못하고 동상이 걸리기도 했지만
그래도 또, 자꾸 추움을 안아본다.
그래서
결국 나는 춤을 추는 베짱이가 되었다.